U0922971

中国证券监督管理委员会年报

China Securities Regulatory Commission Annual Report

中国证券监督管理委员会　　编著

2019

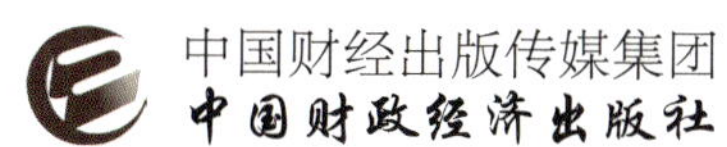

图书在版编目（CIP）数据

中国证券监督管理委员会年报 .2019/ 中国证券监督管理委员会编著 . —北京：中国财政经济出版社，2020.5

ISBN 978-7-5095-9768-2

Ⅰ.①中… Ⅱ.①中… Ⅲ.①证券交易－金融监管－中国－2019－年报 Ⅳ.①F832.51-54

中国版本图书馆 CIP 数据核字（2020）第 067801 号

责任编辑：胡　懿　　　　　　责任校对：徐艳丽

中国财政经济出版社 出版

URL：http://www.cfeph.cn

E-mail:cfeph@cfemg.cn

社址：北京市海淀区阜成路甲 28 号　邮政编码：100142

营销中心电话：010-88191537

北京时捷印刷有限公司印装　各地新华书店经销

880×1230 毫米　16 开　8.75 印张　215 000 字

2020 年 5 月第 1 版　2020 年 5 月北京第 1 次印刷

定价：98.00 元

ISBN 978-7-5095-9768-2

目录 | Contents

主席致辞

2019年是中华人民共和国成立70周年，在新时代的前进洪流中，中国资本市场走过了砥砺奋进、攻坚克难、成效显著的一年。面对复杂的形势和繁重的任务，中国证券监督管理委员会（以下简称中国证监会）在以习近平同志为核心的党中央坚强领导下，始终坚持稳中求进工作总基调，贯彻新发展理念，紧扣深化金融供给侧结构性改革的主线，坚持市场化、法治化方向，学习借鉴国际最佳实践，坚持“四个敬畏、一个合力”，全面推进资本市场改革发展稳定各项工作取得新进展。

以开展主题教育为契机，全面提升党的建设质量。认真贯彻新时代党的建设总要求，坚持党建与监管业务同谋划、同部署、同推进、同考核，把不折不扣贯彻落实党中央、国务院决策部署，把资本市场监管好、建设好、发展好作为最大的政治担当，以实际行动践行“两个维护”，做好融合与落地这篇文章。扎实开展“不忘初心、牢记使命”主题教育，不断深化对资本市场践行初心使命基本要求和核心要义的认识，进一步明确监管理念、监管目标、监管原则和监管方法。持续深入推进系统全面从严治党，驰而不息加强作风建设，严格落实中央八项规定及其实施细则精神，开展形式主义、官僚主义专项整治，落实加大金融领域反腐力度要求，积极营造风清气正的政治生态。践行新时代好干部标准，选优配强各级领导班子，大胆选用改革中敢担当干劲足实绩优的干部，打造忠诚干净担当的监管干部队伍，努力建设让党中央放心、让人民群众满意的模范机关。

设立科创板并试点注册制成功落地。我们把这项改革作为全年工作的“一号工程”，加强内外部协调联动，在8个多月内出台50多项制度规则，顺利实现开板交易。2019年全年共70家企业在科创板上市，融资824亿元，主要集中在新一代信息技术、高端装备、生物医药等领域，“硬科技”特点比较突出，科创板引领经济发展向创新驱动转型作用初步显现。积极发挥科创板改革“试验田”作用，以信息披露为核心的注册制运行良好，发行、交易等环节的创新制度得到初步检验。

全面深化资本市场改革方案出台并稳步实施。一年来，我们聚焦方向性关键性问题，加强资本市场顶层设计和改革统筹协调。在广泛听取市场意见的基础上，形成了《全面深化资本市场改革总体方案》，明确了12个方面的重点改革任务。同时，蹄疾步稳推进改革实施，一些论证充分、条件成熟的改革开放措施陆续落地见效，市场活力逐步释放、预期持续改善、韧性不断增强，对于资本市场在2018年以来严峻复杂的内外部环境中保持基本稳定起到了重要作用。

资本市场法治建设和投资者保护取得重大突破。经过四年多的努力，新修订的证券法于2019年底获得通过。新证券法聚焦资本市场关键问题，在全面推行证券发行注册制、大幅提高证券违法违规成本、加大投资者保护力度等方面实现重大突破。积极推动刑法修改、期货法立法和私募基金条例制定，全面启动证券期货规章制度的系统性清理规范，进一步夯实依法治市的基础。持续加强投资者保护工作，设立“5·15”全国投资者保护宣传日，会同教育部将投资者教育纳入国民教育体系，联合上海金融法院首次适用“示范判决＋纠纷调解”机制。在世界银行营商环境评估中，“保护中小投资者”指标排名由上年的第64位大幅提升至第28位。

推动提高上市公司质量开局良好。一年来，我们把推动上市公司提高质量作为改革的重中之重，制定并实施推动提高上市公司质量行动计划，与地方政府形成工作合力，综合施策提高上市公司质量。完善上市公司优胜劣汰的制度机制，切实把好市场入口关，畅通多元化退出渠道，全年共18家公司通过强制退、重组退、主动退等实现平稳退出。加强持续监管，督促上市公司规范运作，加大对大股东占用和违规担保、商誉大额异常减值等乱象的整治力度，取得明显成效。完善推动上市公司做优做强的制度安排，修订上市公司重大资产重组管理办法，发布分拆上市试点规定，进一步激发企业发展潜能。上市公司回报投资者水平持续提升，全年现金分红达1.36万亿元，创历史新高。

创业板和新三板改革平稳顺利推进。一年来，我们着眼于进一步健全多层次资本市场体系，科学把握各板块定位，积极推动创业板、新三板改革破题开局。认真贯彻中央关于支持深圳建设中国特色社会主义先行示范区的意见，研究制定创业板改革实施方案。着眼于改善流动性和提升融资功能，强化服务中小企业的定位，全面启动新三板改革，包括设立精选层、建立公开发行制度、适度降低投资者门槛、建立转板机制等，市场普遍反映改革力度超出预期。

期货市场功能进一步发挥。一年来，我们大力推动期货期权产品创新，努力拓展服务实体经济的广度和深度，市场规模和运行质量不断提升。加大商品期货期权产品供给，全年共上市不锈钢、红枣等7个期货品种，以及铁矿石、棉花等7个期权品种。顺利推出沪深300ETF 期权和股指期权。股指期货交易基本实现常态化。期货市场套保效率和期现相关性均达88%。

中介机构责任能力建设呈现新面貌。一年来，我们积极推动证券行业高质量发展，明确行业机构必须坚持“四个突出”，强化文化建设对行业健康发展的基础性、导向性作用。引导行业回归本源，出台证券公司股权管理规定，修订风控指标办法，强化资本约束，证券机构重资本业务得到有效管控。积极发展权益类基金，实施公募基金管理人分类监管制度，完善基金管理人中长期激励机制，推出基金投资顾问试点。大力推进简政放权，机构类行政许可申报证明文件、报告备案事项大幅精简。从严查处会计师事务所等中介机构违法违规行为。

资本市场对外开放稳步有序推进。2019年我们宣布了资本市场扩大开放9条新的措施，已基本落地或取得积极进展。持续优化沪深港通机制，启动沪伦通，推出中日 ETF 互通产品，推动 A 股纳入标普新兴市场全球基准指数，启动修订 QFII、RQFII 监管规则，外资持续积极投资 A 股市场。将取消行业机构外资股比限制的时点进一步提前，全面取消外资机构业务范围限制。全面推开 H 股“全流通”改革。期货特定品种对外开放进一步推进。积极参与国际监管标准和规则制定，参与国际金融治理能力得到增强。

加强监管和防范化解重大风险取得阶段性成效。一年来，在国务院金融委统一指挥协调下，我们加强与相关部委和地方党委政府的沟通协作，及时有效处置重点风险，坚决打好防范化解重大金融风险攻坚战。全面强化市场监测分析，完善应对市场大幅波动工具箱，加强预期管理，果断遏制场外配资等高杠杆风险，股票市场运行总体平稳。坚持治标与治本相结合，多措并举，股票质押、债券违约、私募基金等重点领域风险得到有效缓释。发挥稽查处罚最后防线作用，强化案件分层分类管理，坚决查处一批影响恶劣的大案要案。

资本市场服务实体经济能力稳步提升。一年来，我们坚持服务实体经济发展的根本方向，主动服务国家战略，不断加大产品供给和制度供给。全年资本市场通过股债融资和并购重组，合计支持实体经济9.4万亿元，超过上年水平。保持新股发行常态化，改革完善再融资政策，提高发行审核效率和透明度。全年共201家企业完成 IPO，实现融资2 490亿元，上市公司实现再融资超1万亿元。资本市场已成为并购重组主渠道，全年交易金额近2万亿元。私募股权基金在投项目超过11万个，累计投资金额6万多亿元。积极推进交易所债券市场产品和工具创新，企业在交易所发行债券和资产支持证券4.3万亿元，支持地方政府发行政府债券2.8万亿元。健全市场化扶贫机制，聚焦深度贫困地区，加大扶贫工作力度，助力5个定点扶贫县实现脱贫“摘帽”。

一年来，我们在改革监管实践中不断深化对资本市场发展规律的认识和把握，形成了一些重要共识。新时代建设高质量资本市场，必须坚持和加强党对资本市场的全面领导，把党的政治优势、组织优势和资本市场发展的一般规律有机结合起来。必须坚持通过市场化法治化改革来完善基础制度，提升资本市场治理能力。必须坚持稳字当头、稳中求进，统筹好深化改革、防范风险和服务实体经济发展的关系。必须坚持以科学理念指导监管实践，推动科学监管、分类监管、专业监管和持续监管。必须坚持优化市场发展生态，积极争取各方支持，强化内部协同，提升金融科技应用水平，为资本市场赋能。

2020年是全面建成小康社会和“十三五”规划的收官之年。资本市场既面临改革发展的战略机遇，也面临更趋复杂的内外部环境。特别是在新冠肺炎疫情冲击下，全球经济下行压力加大，国际金融市场动荡加剧，给我国资本市场带来新的风险挑战。中国证监会将坚持以习近平新时代中国特色社会主义思想为指导，全面贯彻党的十九大和十九届二中、三中、四中全会精神，坚持稳中求进工作总基调，坚定不移贯彻新发展理念，落实中央“六稳”方针，统筹做好防控疫情、防范金融风险和支持实体经济发展各项工作，加强资本市场基础制度建设，推进全面深化改革落实落地，努力打造一个规范、透明、开放、有活力、有韧性的资本市场，更好地服务经济高质量发展。

一是坚持底线思维，坚决打好防范化解重大金融风险攻坚战、持久战。加强对国际经济金融形势的分析研判，密切跟踪疫情对宏观经济、上市公司和市场运行的影响，强化对股、债、汇等跨市场风险和输入性风险的监测分析，进一步丰富政策储备，加强预期引导。坚持分类施策、精准“拆弹”，继续稳妥做好股票质押、债券违约、私募基金及各类交易场所等重点风险的防控处置。**二是**继续保持定力，加快深化资本市场改革开放。持续推动科创板制度创新，稳步推进创业板改革并试点注册制，加快推进新三板改革。继续大力推动提高上市公司质量。完善再融资、减持、退市等基础制度。积极拓展中长期资金来源，促进投资端与融资端协调发展。稳步推进资本市场对外开放。**三是**全面加强法治建设，优化资本市场治理体系。抓好新证券法学习宣传贯彻，继续大力推动增加法治供给，着力提升依法治市、依法监管水平，保护投资者合法权益。大力推进简政放权，进一步释放市场活力，让监管更有温度、更受欢迎。**四是**积极发挥资本市场功能，全力支持疫情防控和经济社会发展。抓好已出台政策落地见效，帮助实体企业克服疫情影响、恢复正常经营。支持更多优质企业通过IPO、再融资等方式实现股权融资，推进交易所债券市场产品创新。开展区域性股权市场制度和业务创新试点，更好发挥私募股权基金促进创新资本形成的重要作用，加大期货期权产品供给，不断提升资本市场服务实体经济质效。

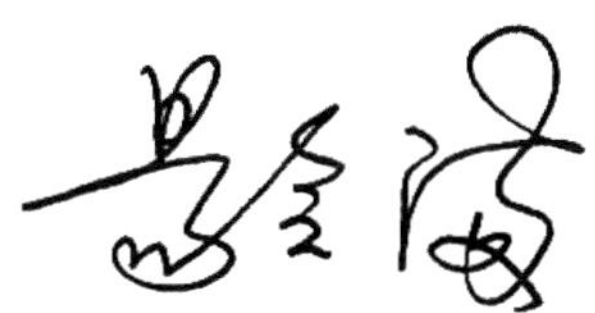

中国证券监督管理委员会　主席

中国证监会简介

中国证监会成立于1992年10月，是国务院直属正部级事业单位，2006年被批准参照《中华人民共和国公务员法》管理。中国证监会依照相关法律法规和国务院授权，统一监督管理全国证券期货市场，维护证券期货市场秩序，保障其合法运行。

监管架构

中国证监会总部设于北京，内设19个职能部门[①]和机关党委、4个直属事业单位，在各省（自治区、直辖市和计划单列市）设有38个派出机构（见图1–1），并管理20个系统单位。中国证监会会机关、派出机构和系统单位共同构成了统一有序的全国证券期货监管体系。

中国证监会机关负责制定、修改和完善证券期货市场规章规则，拟定市场发展规划，办理重大审核事项，指导协调风险处置，组织查处证券期货市场重大违法违规案件，指导、检查、督促和协调系统监管工作。

派出机构受中国证监会垂直领导，负责辖区内的一线监管工作，主要职责是：根据法律、行政法规规定及中国证监会的授权开展行政许可相关工作，对辖区内上市公司、证券期货经营机构、证券期货投资咨询机构和从事证券业务的律师事务所、会计师事务所、资产评估机构等中介机构的证券期货业务活动进行监督管理；负责辖区内风险防范与处置；查处辖区内的违法违规案件；开展辖区内投资者教育与保护工作。

上海证券交易所（以下简称上交所）、深圳证券交易所（以下简称深交所）、上海期货交易所（以下简称上期所）、郑州商品交易所（以下简称郑商所）、大连商品交易所（以下简称大商所）、中国金融期货交易所（以下简称中金所）、中国证券登记结算有限责任公司（以下简称中国结算）、中国证券投资者保护基金有限责任公司（以下简称投保基金公司）、中国证券金融股份有限公司（以下简称中证金融）、中国期货市场监控中心有限责任公司（以下简称期货市场监控中心）、中证资本市场运行统计监测中心有限责任公司（以下简称中证监测）、全国中小企业股份转让系统有限责任公司（以下简称全国股转公司）、中国证券业协会（以下简称证券业协会）、中国期货业协会（以下简称期货业协会）、中国上市公司协会（以下简称上市公司协会）、中国证券投资基金业协会（以下简称基金业协会）等机构，对其会员（或参与人、上市公司、挂牌公司）及证券期货交易活动进行一线监管和自律监管。这些一线监管和自律监管构成证券期货监管活动的有效补充。

① 中国证监会内设部门的工作职责参见中国证监会网站（www.csrc.gov.cn.）。

管理层①

易会满
主席

阎庆民
副主席

李　超
副主席

方星海
副主席

赵争平
副主席

樊大志
驻证监会纪检监察组组长

① 中国证监会主席易会满，自2019年1月起担任中国证监会主席职务。
中央纪委国家监委驻中国证监会纪检监察组组长樊大志，自2019年4月起担任驻证监会纪检监察组组长。

组织架构

中国证监会组织架构（见图1–1）：

图 1-1　中国证监会组织架构

国际顾问委员会

国际顾问委员会（以下简称顾委会）是中国证监会的专家咨询机构，于2004年6月经国务院批准设立，由境外金融监管官员、金融机构高管以及知名的专家学者担任成员。顾委会每年召开一次会议，针对中国证券期货市场的发展情况，介绍国际市场的最新动态及监管经验，为中国证监会提供咨询意见和建议，对促进中国证监会借鉴国际经验、推动资本市场改革开放和稳定健康发展持续发挥积极作用。顾委会设主席、副主席各1人，现共有委员15人（见表1–1）。

表1–1 顾委会人员情况

主席

姓名	职务
霍华德·戴维斯 Howard DAVIES	苏格兰皇家银行主席，英国金融服务局前主席，伦敦政治经济学院前院长

副主席

姓名	职务
史美伦 Laura M. CHA	香港特别行政区行政会议非官守成员，香港交易所主席，汇丰控股非执行董事，中国证监会前副主席，香港证监会前副主席

委员（按英文姓氏首字母排列）

姓名	职务
何晶 Ching HO	淡马锡公司首席执行长
沃尔特·卢肯 Walt LUKKEN	美国期货业协会会长，美国商品期货交易委员会前委员、执行主席
里奥·梅拉梅德 Leo MELAMED	芝加哥商业交易所集团终身荣誉主席，Melamed & Associates全球咨询公司主席兼首席执行官
浦伟光 Stephen PO	香港保险业监管局市场行为部执行董事，香港证监会中介机构监察科前主管
米歇尔·普拉达 Michel PRADA	国际财务报告准则基金会受托人主席，法国金融监管局前主席，国际证监会组织前执委会和技术委员会主席
史蒂芬·罗奇 Stephen ROACH	耶鲁大学杰克逊全球事务研究所高级研究员，管理学院高级讲师；摩根士丹利亚洲区前主席，摩根士丹利前首席经济学家
玛丽·夏皮罗 Mary SCHAPIRO	彭博副董事长，美国证监会前主席，美国商品期货交易委员会前主席

续表

大卫·施维默 David SCHWIMMER	伦敦证券交易所集团首席执行官
沈联涛 Andrew SHENG	香港大学亚洲环球研究院杰出研究员，香港证监会前主席，香港金融监管局前副总裁
温泽恩 John WALDRON	高盛集团总裁兼首席运营官
魏柏昂 Axel A. WEBER	瑞银集团董事会主席，国际金融协会理事会主席，德国央行前行长
大卫·莱特 David WRIGHT	欧洲金融智库EUROFI主席，Flint Global咨询合伙人，国际证监会组织前秘书长，欧盟委员会前智库成员
俞在勋 Jaehoon YOO	亚洲基础设施投资银行（AIIB）国家对话行长高级顾问，主计师兼审计局局长，韩国证券存管公司前主席兼CEO，韩国金融服务委员会证券期货局前副委员，世界银行前高级专家

人力资源

截至2019年底，中国证监会工作人员共3 256人，其中总部773人，派出机构2 483人，占比分别为24%和76%，平均年龄为37.7岁。

全面从严治党

狠抓思想建设

深入开展纪检监察工作，不断强化日常监督

加强党的组织建设

狠抓思想建设

深入学习贯彻习近平新时代中国特色社会主义思想。坚持以习近平新时代中国特色社会主义思想为根本指引，深入学习贯彻党的十九大和十九届二中、三中、四中全会精神，增强“四个意识”，坚定“四个自信”，做到“两个维护”，切实加强党的政治建设和思想建设。2019年，中国证监会党委共组织27次党委理论学习中心组学习，以集体研讨和辅导报告等形式学习习近平总书记重要讲话和关于“不忘初心、牢记使命”的重要论述，围绕机关党建、防范化解各类风险等多个专题进行研讨。严格落实“两学一做”“三会一课”等制度，发挥党校主阵地作用，通过主题党日、集中轮训、小组学习、理论读书班、专题研讨交流等多种形式深入学习领会党的十九届四中全会精神。

深入学习贯彻习近平总书记在中央和国家机关党的建设工作会议上的重要讲话精神。突出政治建设根本，牢固树立政治机关意识，把监管好、建设好、发展好资本市场作为旗帜鲜明讲政治、践行“两个维护”的具体体现，完善保障“两个维护”的制度机制，推动党中央国务院决策部署在资本市场不折不扣落地见效。及时组织多个层面集中传达学习，印发文件部署推动抓好学习贯彻。举办党务干部和青年干部专题培训，深入学习领会习近平总书记重要讲话的精神实质和核心要义。对照习近平总书记讲话中“五个重点查找和五个看”的要求，逐项检视剖析、查找差距、以查促改，推动习近平总书记重要讲话精神落地生根。

扎实开展“不忘初心、牢记使命”主题教育。组织广大干部坚持读原著学原文悟原理，持续推动党的创新理论在广大干部内心深处铸魂、扎根，引导广大干部自觉践行党的初心使命要求，坚定信仰信念，坚守政治忠诚。开展“讲述部史部风、牢记初心使命”主题党日活动，组织“资本市场践行党的初心使命”大讨论，引导广大干部追忆优良传统作风，更好地联系自身实际践行初心使命要求。强化年轻干部理论武装，组织40岁以下青年干部成立理论学习小组，在坚持常态化月度集体学习机制的基础上，搭建学习小组联学交流、“根在基层”实践调研、青年干部巡回演讲团等学习平台，开展青年理论学习标兵评选活动，丰富学习形式，确保学习实效。

开展“我和我的祖国”群众性主题宣传教育活动。以庆祝中华人民共和国成立70周年为契机，组织开展“我和我的祖国”群众性主题宣传教育活动，举办“我和我的祖国”主题演讲交流活动、专题文艺作品展，在国庆节前夕举行升国旗仪式，通过系列活动激发干部职工爱国奋斗热情，进一步坚定“四个自信”。

深入开展纪检监察工作，不断强化日常监督

切实强化派驻监督。驻证监会纪检监察组在中央纪委国家监委的统一领导下，积极履行派驻监督职责。紧紧围绕贯彻落实习近平总书记重要指示批示精神和党中央重大决策部署，切实强化政治监督，坚决做到“两个维护”。就深化资本市场改革有关廉政工作开展情况进行重点监督检查，层层压实各级党委管党治党主体责任，督促履行一岗双责。对中国证监会落实中央巡视整改任务情况进行“回头看”，对设立科创板并试点注册制进行全过程监督，就证监会系统减税降费情况进行专项检查，将贯彻落实中央纪委国家监委专项整治漠视侵害群众利益工作与证监会系统中小投资者保护工作相结合，以强监督促进强监管，切实保护中小投资者权益和群众切身利益。

全面从严加大金融领域反腐力度。认真贯彻落实十九届中央纪委三次全会精神，精准运用四种形态，注重抓早抓小，有效削减存量、遏制增量，持续保持证监会系统反腐败高压态势。坚持严管与厚爱相结合，鼓励干部担当作为，为受到不实举报的干部澄清正名。深入推动以案为鉴、以案促改，组织召开证监会系统警示教育大会，充分发挥身边人身边事警示教育作用，进一步涵养证监会系统政治生态。持续深入贯彻落实中央八项规定精神，严防“四风”问题反弹回潮。开展形式主义、官僚主义专项整治，针对市场主体对中国证监会监管履职评议反映的突出问题进行重点监督，督促改进工作作风。

强化监察职能，做实做细日常监督工作。围绕一体推进不敢腐、不能腐、不想腐，对证监会系统公权力进行全面梳理，明确公权力清单和责任清单，明确监察对象范围。对行政执法各环节进行全链条监察监督，对证券发行审核、市场监管以及沪深证券交易所等重点部门重点单位进行重点监督，保持监督高频覆盖，确保中国证监会公权力在正确的轨道上运行。持续完善防止利益冲突制度机制，出台《证监会系统公职人员与监管对象交往管理办法（试行）》，划定交往规矩红线和廉洁自律底线。开展行业廉洁从业文化建设，净化行业廉洁生态，认真贯彻落实《证券期货经营机构及其工作人员廉洁从业规定》，协同做好廉洁从业监管工作。

深化巡视、审计和发审监督工作，不断提升监督合力。组织党的十九大后第三轮、第四轮巡视，完成对15家单位的常规巡视，首次同步开展对6家单位的脱贫攻坚专项巡视。探索构建巡视巡察上下联动监督网，确定1家开展巡察试点单位。将贯彻落实重大决策部署情况作为经济责任审计的首要内容，开展对15家单位16名主要领导干部的经济责任审计和1项专项审计。坚持日常监督与专项监督并重，推进发审监督工作常态化开展。

加强党的组织建设

强化基层党支部功能。贯彻落实《中国共产党支部工作条例（试行）》，持续推动落实《中央和国家机关基层党组织建设质量提升三年行动计划（2019—2021年）》，不断提高基层党组织的凝聚力战斗力。制定《中国证监会机关党支部标准化规范化建设试点工作方案》，开展标准化规范化建设试点并完成验收。制定《证监会机关创建“让党中央放心、让人民群众满意的模范机关”实施方案》，提出创建“模范政治机关”“模范学习机关”“模范执行机关”“模范服务机关”等“4个模范”的创建目标和具体内容。制定《2019年度证监会机关党支部建设评价工作方案》，完善支部工作考核评价体系。严格党的组织生活，认真执行《中央和国家机关严格党的组织生活制度的若干规定（试行）》《中央和国家机关党小组工作规则（试行）》，会党委成员严格落实领导干部双重组织生活制度，积极参加支部组织生活，在支部讲授党课。严格支部换届选举工作，对支部书记候选人认真把关，规范党小组设置，选齐配强党小组组长。提升兼职党务干部履职能力，举办机关党务干部培训班，组织兼职党务干部参加上级部门举办的各类培训、研讨和辅导。进一步规范党员组织关系接转、党员徽章佩戴，强化党性意识。

加强领导班子和干部队伍建设。深入学习贯彻全国组织工作会议精神，深入贯彻落实新时代党的建设总要求和党的组织路线，坚持新时期好干部标准，坚持事业为上、人岗相适、人事相宜的原则，坚持从全面深化资本市场改革、加强和改进监管工作需要出发选干部配班子，为建设规范、透明、开放、有活力、有韧性的资本市场提供坚强组织保证。严格落实干部任用条例，切实发挥好党组织的领导和把关作用。突出政治标准，严把人选的政治关、品行关、能力关、作风关、廉洁关。突出干事担当的鲜明导向，注重提拔使用敢于担当作为、工作实绩突出的干部，提振干事创业精气神。突出年轻化、专业化，常态化选拔培养年轻干部，实行动态管理，大力培养各个层级的复合型“专门家”。突出结构优化，选优配强“一把手”，加大干部交流使用力度，统筹用好各年龄段干部。

加强纪检监察队伍建设，着力提升履职能力，打造政治过硬、本领高强的纪检监察铁军。健全驻证监会纪检监察组与中国证监会党委的沟通会商机制，有效形成管党治党合力。认真贯彻落实“三为主一报告”要求，修订完善证监会系统纪检干部队伍建设和纪检工作报告制度，强化上级纪检监察机构对下级纪委工作的监督指导，有效发挥“派”的权威和“驻”的优势。按照政治过硬、本领高强要求，从严从实加强证监会系统纪检监察队伍自身建设，持续开展纪检监察理论调研，深化驻证监会纪检监察组建立以岗代训、以干代训工作机制，全覆盖轮训证监会系统纪委书记和纪检办负责同志。建立健全纪检工作制度机制，规范工作流程，从严做好对纪检干部的监督，不断改进工作作风。

资本市场发展情况

多层次股权市场

交易所债券市场

期货与衍生品市场

基金市场

资本市场经营机构

多层次股权市场

交易所股票市场基本情况

市场规模。截至2019年底，沪深两市上市公司3 777家（见图3–1），全年新增193家。其中，主板1973家，中小企业板943家，创业板791家，科创板70家。沪深两市总市值59.29万亿元，流通市值48.35万亿元，同比分别增加36.33%和36.65%；流通市值占总市值的81.54%，同比上涨0.19个百分点。沪深两市总市值占2019年国内生产总值（GDP）的59.84%（见图3–2），总市值位居全球第二位，仅次于美国（见表3–1）。

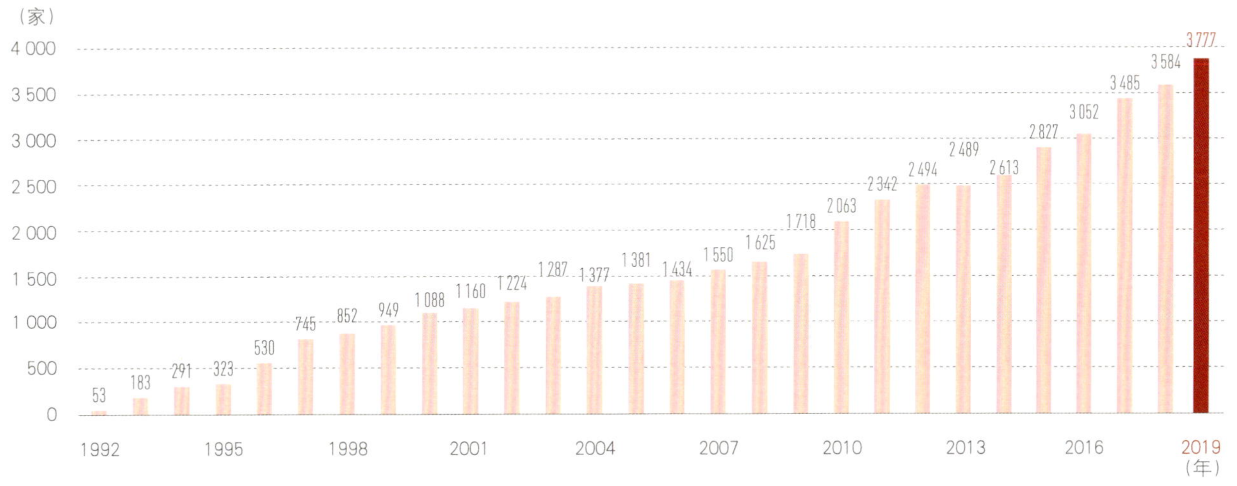

图3–1　中国境内上市公司家数年度变化（1992—2019年）

资料来源：中国证监会。

图3–2　沪深两市股票总市值与 GDP 比值变化（1992—2019年）

资料来源：中国证监会。

表3-1　　2019年12月底世界交易所市值排名表

国家或地区排名				交易所排名		
排名	国家或地区名称	所属区域	交易所市值（亿美元）	名次	中文名称	交易所市值（亿美元）
1	美国	北美洲	363 299	1	纽约泛欧证券交易所（美国）	233 278
2	中国	亚洲	85 155	2	纳斯达克证券交易所	130 020
3	日本	亚洲	61 911	3	东京证券交易所	61 911
4	中国香港	亚洲	48 992	4	上海证券交易所	51 058
5	法国	欧洲	47 017	5	纽约泛欧证券交易所（欧洲）	48 992
6	英国	欧洲	41 829	6	香港证券交易所	47 017
7	加拿大	北美洲	24 091	7	伦敦证券交易所	41 829
8	印度	亚洲	21 798	8	深圳证券交易所	34 097
9	德国	欧洲	20 982	9	多伦多证券交易所	24 091
10	瑞士	欧洲	18 345	10	孟买证券交易所	21 798

资料来源：世界交易所联合会。

发行情况。2019年，沪深两市A股[1]合计融资1.35万亿元（见图3-3），同比增加18.12%。其中，201只首发股票融资2 489.80亿元，同比增加80.70%。定向增发（现金认购）融资1 814.43亿元，定向增发（资产认购）融资5 461.20亿元，配股融资133.87亿元，优先股融资2 550.00亿元，公开增发融资89.50亿元，可转债转股融资995.39亿元，再融资合计金额同比增加9.57%。

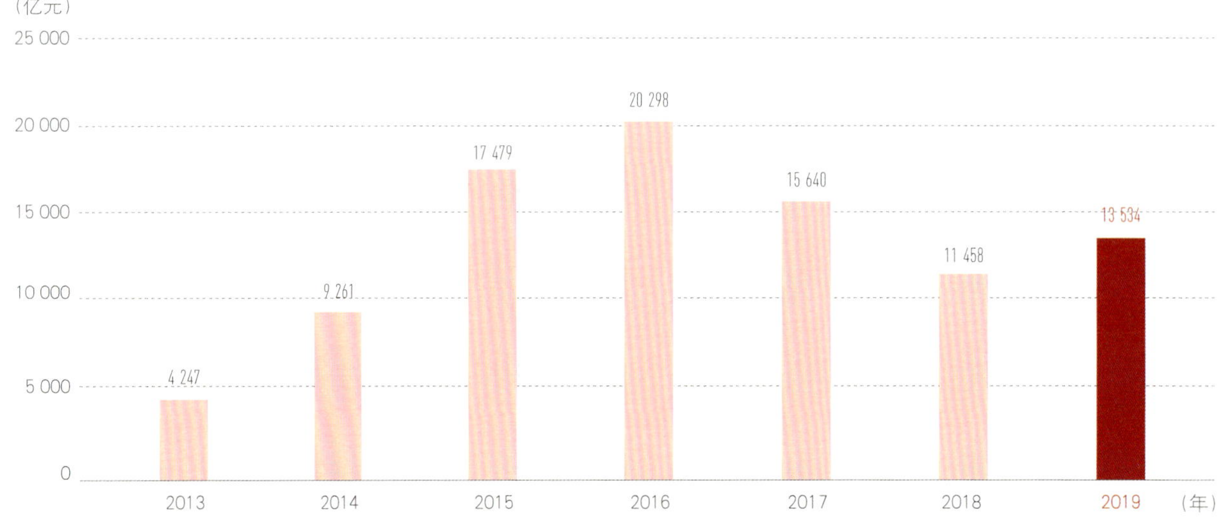

图3-3　2013—2019年A股市场融资额情况

资料来源：中国证监会。

注：1. 此处A股融资额指通过IPO、增发（公开增发、定向增发现金及资产认购）、配股、权证行权、优先股、可转债转股等方式筹集的资金，按股份上市日统计。
2. 图3-3自2019年的再筹资金额增加统计可转债转股金额，并同时对以前年度数据进行调整。

① A股又称人民币普通股票，是由中国境内公司发行，供境内机构、组织和个人（从2013年4月1日起，境内港、澳、台居民可开立A股账户）以人民币认购和交易的普通股股票。

交易情况。2019年，上证综指上涨22.30%，深证综指上涨35.89%（见图3-4）。全年上证综指振幅为33.98%。沪深两市日均成交金额5 221.96亿元（见图3-5），较2018年增加1 511.09亿元，增幅为40.72%。

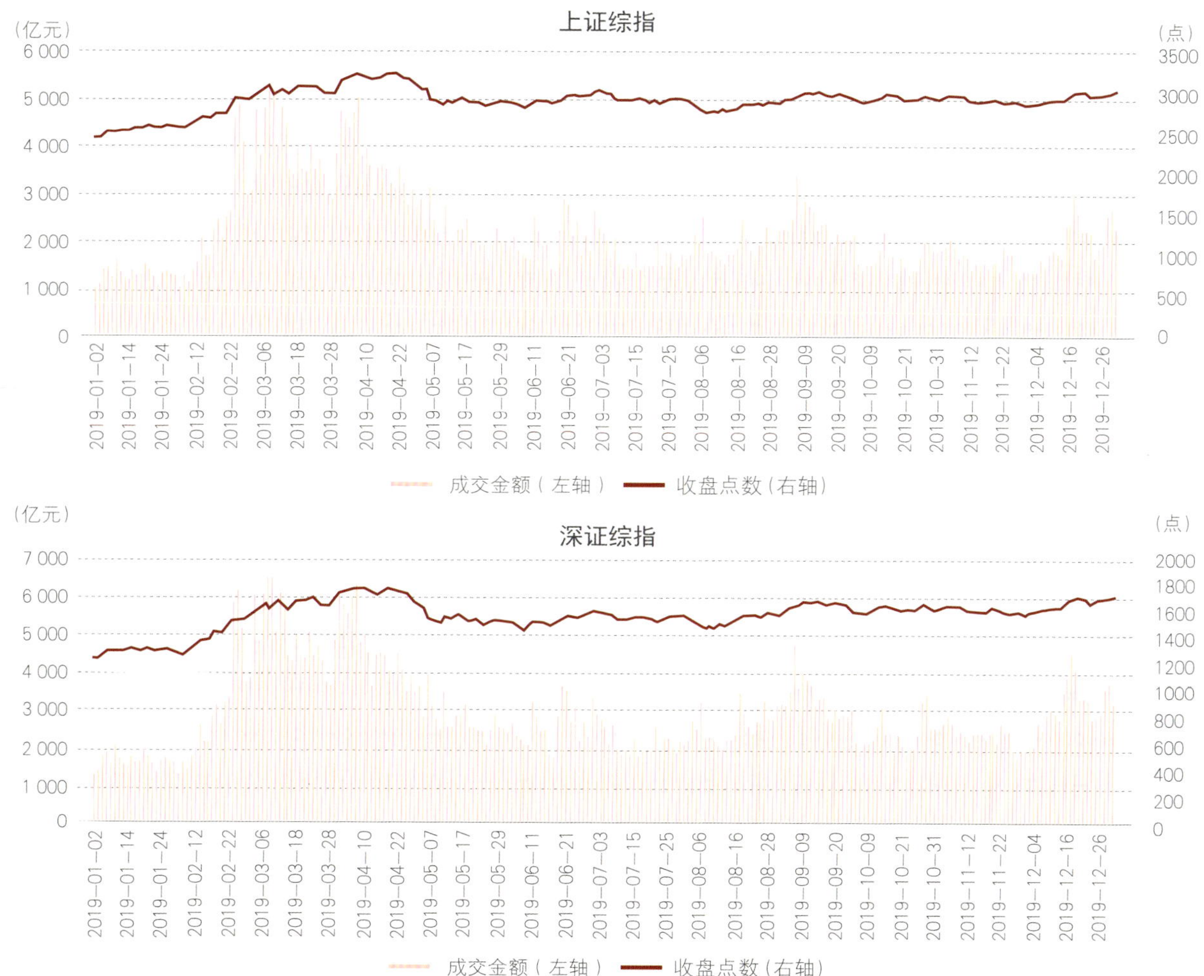

图3-4　2019年上证综指、深证综指走势

资料来源：中国证监会中央监管信息平台。

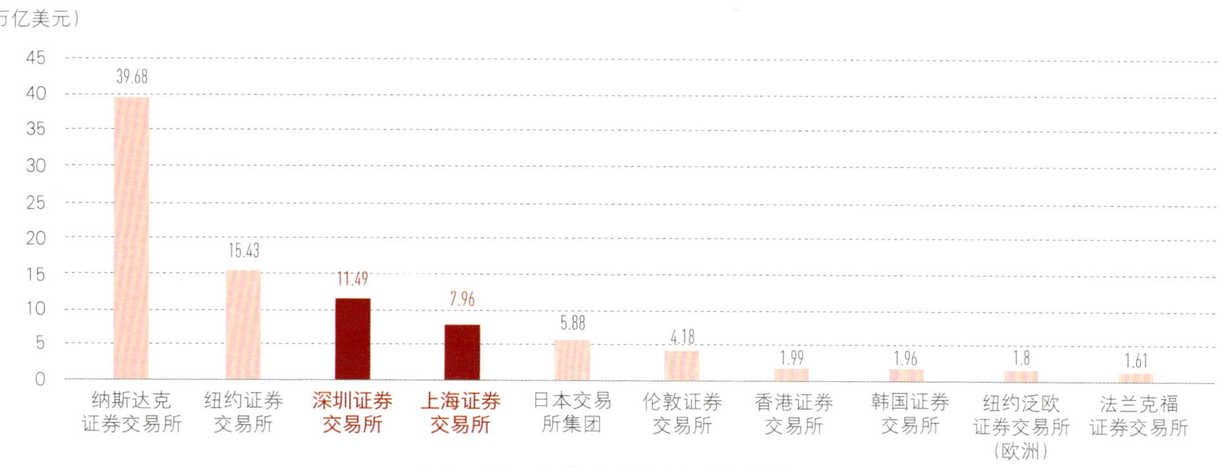

图3-5　2019年各交易所股票交易额

注：纽约证券交易所数据为截至2019年10月数据。

资料来源：世界交易所联合会。

完善股票发行制度。系统研究制定设立科创板试点注册制的发行审核注册制度体系，制定并发布《在上海证券交易所设立科创板并试点注册制的实施意见》《科创板首次公开发行股票注册管理办法（试行）》《上海证券交易所科创板股票上市规则》及其系列配套规则。在充分征求市场各方意见基础上，集中整理发布首发（IPO）50条、再融资30条审核标准，杜绝“口袋政策”，推进“阳光审核”。2019年共核准（注册）206家公司，预计融资2 778.09亿元；核准249家上市公司再融资，预计融资6 362.48亿元。

深化并购重组市场化改革。修订《上市公司重大资产重组管理办法》，优化重组上市认定标准，允许符合条件的企业在创业板重组上市，恢复重组上市配套融资功能。出台《科创板上市公司重大资产重组特别规定》及相关配套规则。制定《上市公司分拆所属子公司境内上市试点若干规定》，引导和规范上市公司分拆所属子公司在境内上市。推动定向可转债并购常态化。公开重组许可申请材料规范性说明。2019年，全市场并购重组2 935单，交易金额2万亿元，其中中国证监会共核准162单，交易金额5 659亿元，分别占市场总量的5.52%和28.30%。

落实股份回购制度改革。联合财政部、国资委发布《关于支持上市公司回购股份的意见》，出台《关于认真学习贯彻〈全国人民代表大会常务委员会关于修改《中华人民共和国公司法》的决定〉的通知》，支持上市公司股份回购。回购制度改革以来，沪深两市共计披露721单回购方案，实际回购金额已达1 265亿元。

畅通上市公司多元化退出渠道。完善退市制度，加强退市监管，拓宽退出渠道，平稳化解存量风险。2019年共18家公司通过各种渠道退出，包括*ST海润等9家公司“强制退”、*ST上普“主动退”、小天鹅等8家公司“重组退”，退市家数创历史新高，常态化退市机制已初步建立。

专栏 设立科创板并试点注册制

2018年11月5日，习近平总书记在首届中国国际进口博览会开幕式上宣布，在上海证券交易所设立科创板并试点注册制。2019年1月23日，习近平总书记主持召开中央深化改革委员会第六次会议，审议通过了《在上海证券交易所设立科创板并试点注册制总体实施方案》《关于在上海证券交易所设立科创板并试点注册制的实施意见》。2019年1月30日，中国证监会发布《关于在上海证券交易所设立科创板并试点注册的实施意见》。2019年6月13日，中共中央政治局委员、国务院副总理刘鹤同志和中共中央政治局委员、中共上海市委书记李强同志出席上海证券交易所科创板开板仪式。2019年7月22日，科创板首批25家公司在上海证券交易所挂牌上市交易，市场运行平稳，主要制度安排经受住了市场的检验。科创板首批公司挂牌上市交易，标志着设立科创板并试点注册制这一重大改革任务正式落地。科创板定位于面向世界科技前沿、面向经济主战场、面向国家重大需求，主要服务符合国家战略、突破关键核心技术、市场认可度高的科技创新企业。截至2019年12月31日，科创板共有70家上市公司，总市值8 637亿元，股权融资总额累计达824亿元，平均研发支出占营业收入比例达12.7%，涵盖了新一代信息技术产业、高端装备制造业、新材料产业、生物医药产业等高新技术产业和战略新兴产业。

全国股转系统发展情况

市场规模。截至2019年底，全国中小企业股份转让系统（以下简称全国股转系统）挂牌公司合计8 953家，总股本5 616.29亿股，总市值约2.94万亿元（见表3–2）。其中，创新层和基础层公司家数分别为667家和8286家（见表3–3），创新层和基础层总股本占比分别为15.78%和84.22%。

表3–2　全国股转系统规模变化

	2018年	2019年	同比变化
挂牌公司数量	10 691 家	8 953 家	–16.26%
总股本	6 324.53 亿股	5 616.29 亿股	–11.20%
总市值	34 487.26 亿元	29 399.60 亿元	–14.75%
发行次数	1 402 次	637 次	–54.56%
发行股数	123.83 亿股	73.73 亿股	–40.46%
融资金额	604.43 亿元	264.63 亿元	–56.22%
成交金额	888.01 亿元	825.69 亿元	–7.02%
成交数量	236.29 亿股	220.20 亿股	–6.81%
换手率	5.31%	6.00%	12.99%
市盈率	20.86 倍	19.74 倍	–5.37%
机构投资者	5.63 万户	5.89 万户	4.62%
个人投资者	37.75 万户	38.73 万户	2.60%

资料来源：全国中小企业股份转让系统。

表3–3　全国股转系统挂牌公司行业分布

行业分类	2018年底		2019年底			
	公司数（家）	占比（%）	创新层（家）	基础层（家）	公司数（家）	占比（%）
制造业	5 276	49.35	312	4 097	4 409	49.25
信息传输、软件和信息技术服务业	2 084	19.49	149	1 576	1 725	19.27
租赁和商务服务业	558	5.22	24	441	465	5.19
科学研究和技术服务业	506	4.73	21	421	442	4.94
批发和零售业	492	4.60	20	380	400	4.47
建筑业	356	3.33	39	265	304	3.40
文化、体育和娱乐业	240	2.24	23	179	202	2.26
农、林、牧、渔业	226	2.11	20	180	200	2.23
水利、环境和公共设施管理业	186	1.74	12	149	161	1.80
交通运输、仓储和邮政业	192	1.80	19	137	156	1.74
金融业	131	1.23	9	106	115	1.28

续表

行业分类	2018年底		2019年底			
	公司数（家）	占比（%）	创新层（家）	基础层（家）	公司数（家）	占比（%）
电力、热力、燃气及水生产和供应业	122	1.14	6	105	111	1.24
房地产业	88	0.82	4	67	71	0.79
教育	81	0.76	2	68	70	0.78
卫生和社会工作	47	0.44	4	34	38	0.42
采矿业	39	0.36	1	31	32	0.36
住宿和餐饮业	33	0.31	1	27	28	0.31
居民服务、修理和其他服务业	34	0.32	1	23	24	0.27
合计	10 691	100.00	667	8 286	8 953	100.00

资料来源：全国中小企业股份转让系统。

发行情况。2019年共有600家挂牌公司完成637次发行，融资264.63亿元，发行次数和融资金额分别较上年下降54.56%和56.22%。现金认购比例（募集现金／融资总额）达到91.49%，非金融企业融资248.02亿元。2019年共有11家挂牌公司完成优先股发行，募集资金3.60亿元。

投资者情况。截至2019年底，投资者账户合计44.62万户，同比增加1.25万户。其中，合格和受限投资者分别为23.28万户和21.34万户，占比分别为52.17%和47.83%；有持股的合格投资者9.94万户，占合格投资者总数的42.69%；个人和机构投资者分别为38.73万户和5.89万户，占比分别为86.81%和13.19%；有持股的合格机构投资者数为1.68万户，占合格机构投资者总数的39.28%。

深化市场改革。启动全面深化"新三板"改革，研究制定"新三板"改革系列制度规则，积极推动各项改革措施平稳落地。**一是**优化发行融资制度，改进现有定向发行制度，允许符合条件的创新层企业向不特定合格投资者公开发行股票。**二是**完善市场分层，设立精选层，配套形成交易、投资者适当性、信息披露等差异化制度体系，引入公募基金等长期资金，增强"新三板"服务功能。**三是**建立挂牌公司转板上市机制，实现多层次资本市场互联互通。**四是**加强监督管理，实施分类监管，研究提高违法成本，提升挂牌公司质量。**五是**健全市场退出机制，推动市场出清，促进形成良性的市场进退生态，保护投资者合法权益。2019年12月陆续发布"新三板"改革的相关规则，修改《公众公司办法》，制定《信息披露办法》，发布分层、投资者适当性、交易等首批自律业务规则，奠定改革的制度基础，推动相关改革措施在创新层、基础层先行落地，明确精选层有关市场预期。

区域性股权市场规范发展

印发《关于规范发展区域性股权市场的指导意见》，进一步引导促进市场规范发展，逐步健全基础制度。研究推进区域性股权市场制度和业务创新试点工作。截至2019年底，34家区域性股权市场共有挂牌企业2.88万家（其中股份公司1.11万家），累计为中小微企业实现各类融资2 312.53亿元。

交易所债券市场

市场概况

市场规模。截至2019年底，交易所债券市场托管面值约12.70万亿元（见图3–6），占全市场的13%。交易所市场非金融公司债（包含公司债、可转债、可交换债，不含资产证券化产品）托管量为7.06万亿元，占全市场的36%。交易所债券市场存量债券15 973只，其中政府债券1 786只，政策性金融债16只，企业债（含铁道公司债）1 887只，公司债7 215只，可转债221只，可交换债155只，资产支持证券4 693只。

融资情况。2019年，交易所债券市场累计发行各类债券（含公司债、资产证券化产品、地方证券债券和政策性金融债券）约7.20万亿元（见图3–7），同比增长27%，本年累计净融资5.24万亿元。分品种看，交易所市场发行**公司债**2 750只，融资3.25万亿元，同比增长47%；其中可转债97只，融资2 420亿元，同比增长207%；可交换债59只，融资818亿元，同比增长100%。**资产支持证券**发行927只，融资10 035亿元，同比增长13%。地方政府债券发行2.83万亿元，同比增长11%。政策性金融债券发行1 085亿元，同比增长352%。

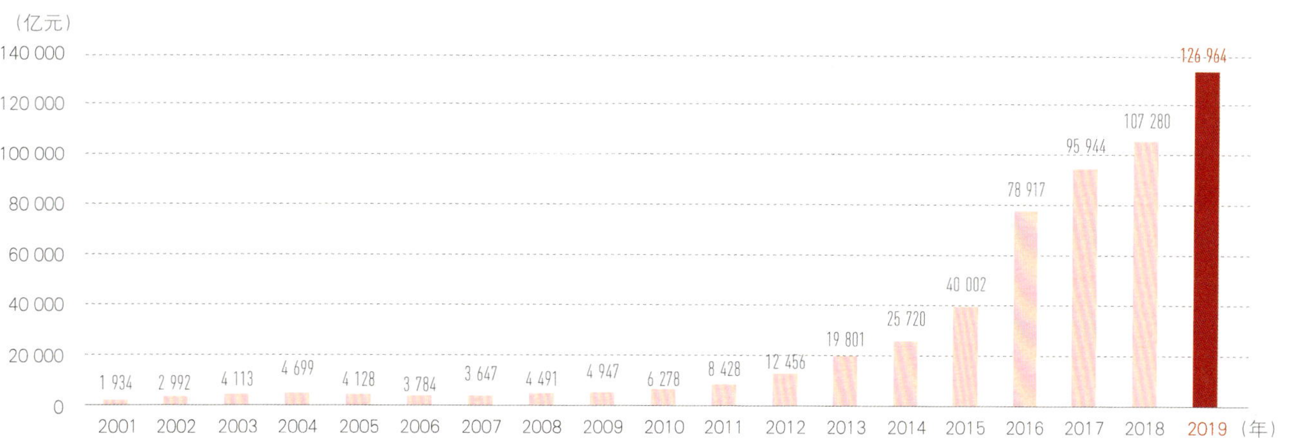

图3–6　2001—2019年交易所债券市场托管面值

资料来源：中证资本市场运行统计监测中心。

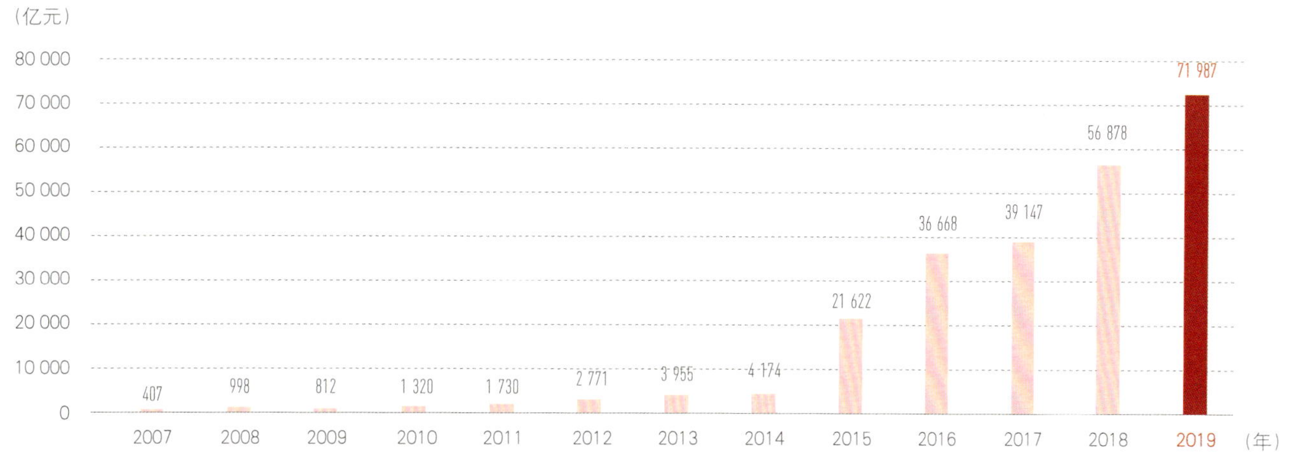

图3–7　2007—2019年交易所债券市场融资金额

资料来源：中证资本市场运行统计监测中心。

交易情况。2019年，交易所债券市场累计成交额为8.35万亿元，同比增长40.89%；累计回购金额239.02万亿元，同比增长3.41%

稳步推进债券品种创新

扩大创新品种试点，支持特色品种发展。扩大创新创业公司债券试点范围，2019年发行创新创业公司债15只，融资金额31亿元。推进可续期债试点，2019年发行可续期债券155只，融资金额2 248亿元。支持地方国有企业发行纾困专项债491亿元，纾解民营上市公司股权质押风险和流动性困难。深化绿色公司债券发展，2019年发行绿色债券（含ABS）86只，融资金额1 009亿元。

推进地方政府债券在交易所债券市场发行。2019年，交易所发行地方政府债券2.83万亿元，同比增长11%，占全市场公开发行总量的65%。推动发展地方政府债券ETF。2019年，交易所市场推出首批5年期地方政府债ETF，其中海富通上证5年期地方政府债ETF首募规模约为110亿元。

推进政策性金融债券在交易所市场发行。2019年，交易所市场发行政策性金融债1 085亿元，其中国开债、农发债和进出口债分别为785亿元、200亿元、100亿元

稳妥发展资产证券化

大力发展供应链资产证券化，有效支持中小微企业借助核心企业信用融资发展。收紧未来经营收入类资产支持证券发行准入要求，严格限定未来经营收入类资产支持证券的基础资产所属领域，强化特定原始权益人或资产服务机构持续经营能力要求，合理控制融资规模，明确要求基础资产现金流归集要求。指导基金业协会发布PPP项目、企业应收账款、融资租赁债权等三类基础资产的尽职调查工作细则。2019年，供应链金融ABS发行419只，发行金额为2 684.76亿元。

进一步加强统一监管

统一公司债监管标准。与人民银行、国家发展改革委研究制定《公司信用类债券信息披露管理办法》及配套规则，并向社会公开征求意见。

加强评级行业统一监管。联合人民银行、财政部、国家发展改革委发布《信用评级业管理暂行办法》，促进信用评级机构规范发展。指导证券业协会会同中国银行间市场交易商协会开展联合市场化评价工作。建立全市场评级机构业务运行及合规情况联合通报机制，按季度发布通报。会同人行征信管理局和金融市场司联合开展2019年度现场检查，完成大公国际整改验收并复业。

期货与衍生品市场

基本情况

市场情况。截至2019年底，期货与衍生品市场品种（见表3–4）总数达到78个，包括58个商品期货，10个商品期权，6个金融期货和4个金融期权。

表3-4 各交易所交易品种

交易所	交易品种
上海期货交易所	铜、铝、锌、铅、锡、镍、黄金、白银、螺纹钢、线材、热轧卷板、燃料油、石油沥青、天然橡胶、原油、纸浆、不锈钢、20号胶、铜期权、黄金期权、橡胶期权
郑州商品交易所	强麦、普麦、棉花、白糖、早籼稻、粳稻、晚籼稻、菜籽油、油菜籽、菜籽粕、鲜苹果、精对苯二甲酸（PTA）、甲醇、玻璃、动力煤、硅铁、锰硅、棉纱、尿素、纯碱、红枣、白糖期权、棉花期权、甲醇期权、PTA期权
大连商品交易所	玉米、玉米淀粉、黄大豆1号、黄大豆2号、豆粕、豆油、棕榈油、鸡蛋、胶合板、纤维板、线性低密度聚乙烯（LLDPE）、聚氯乙烯（PVC）、聚丙烯（PP）、焦炭、焦煤、铁矿石、乙二醇、苯乙烯、粳米、豆粕期权、玉米期权、铁矿石期权
中国金融期货交易所	沪深300股指期货、上证50股指期货、中证500股指期货、5年期国债期货、10年期国债期货、2年期国债期货、沪深300股指期权
上海证券交易所	上证50ETF期权、华泰柏瑞沪深300ETF期权
深圳证券交易所	嘉实沪深300ETF期权

资料来源：中国期货市场监控中心、上海证券交易所、深圳证券交易所。

交易情况。截至2019年底，我国期货市场总资金5 616.43亿元，同比增长29.45%，有效客户数151.73万个，同比增加14.72%，日均交易客户数达到48万户。以单边计，期货市场合计成交39.22亿手，同比增加30.25%，成交金额290.59万亿元（见图3–8），同比增加37.85%。其中，商品期货成交38.55亿手，同比增加29.22%，成交金额220.97万亿元，同比增加19.65%；金融期货成交0.66亿手，同比增加143.60%，成交金额69.62万亿元，同比增加166.51%。金融期货成交量和成交金额分别占全市场的1.69%和23.96%。

2019年，以单边计，期权市场合计成交6.65亿手（张），同比增加99.10%，成交金额3 742.19亿元，同比增加86.38%（见表3–5）。其中，商品期权（包含豆粕、白糖、铜、橡胶、棉花、黄金、甲醇、PTA、玉米、铁矿石期权）市场成交0.41亿手，同比增加121.48%，成交金额330.73亿元，同比增加57.37%；金融期权市场（包括上证50ETF期权、沪深300股指期权、华泰柏瑞沪深300ETF期权、嘉实沪深300ETF期权）成交6.24亿张（手），同比增加97.58%，成交金额3 411.46亿元，同比增加89.78%。

图3-8　2010—2019年期货市场成交量及成交金额走势

资料来源：中国期货市场监控中心。

表3-5　期货和期权的成交量、成交额及其同比变化

类型	期货				期权			
	成交量（亿手）	成交量同比（%）	成交额（万亿元）	成交额同比（%）	成交量（亿手）	成交量同比（%）	成交额（亿元）	成交额同比（%）
商品类	38.55	29.22	220.97	19.65	0.41	121.48	330.73	57.37
金融类	0.66	143.60	69.62	166.51	6.24	97.58	3 411.46	89.78
合计	39.22	30.25	290.59	37.85	6.65	99.10	3 742.19	86.38

资料来源：中国期货市场监控中心、上海证券交易所、深圳证券交易所。

投资者情况。期货市场方面，2019年，以双边计，法人客户与个人客户成交量分别为23.28亿手和55.16亿手，同比分别增加72.70%和18.01%。法人客户和个人客户成交金额分别为187.26万亿元和393.92万亿元，同比分别增加83.70%和23.23%。法人客户成交金额占比32.22%，较2018年上升8.04个百分点。**期权市场方面，**2019年，以双边计，法人客户与个人客户成交量分别为6.50亿手（张）和6.80亿手（张），同比分别增加58.54%和162.55%。法人客户和个人客户成交金额分别为4 264.82亿元和3 219.58亿元，同比分别增加55.57%和150.43%。法人客户成交金额占比56.98%。

积极推进完善期货、期权市场品种体系

上市红枣、尿素、20号胶、粳米、不锈钢、苯乙烯、纯碱等7个商品期货品种，为相关上下游产业企业提供更多的风险管理工具。上市沪深300股指期权和2个沪深300ETF 期权，推动金融期权产品体系完善。上市玉米、棉花、天然橡胶、铁矿石、PTA、甲醇、黄金等7个商品期权，为产业链企业提供更为精细化的风险管理工具。

专栏 沪深300股票股指期权上市运行

2019年11月8日，为深化资本市场改革，激发市场活力，经国务院同意，中国证监会正式启动扩大股票股指期权试点工作。2019年12月23日，上交所、深交所分别上市沪深300ETF 期权，中金所上市沪深300股指期权，标志着境内金融期权市场进入多市场、多标的发展的新阶段。其中，沪深300股指期权也是境内首只股指期权产品。沪深300股票股指期权的推出，是资本市场供给侧结构性改革的崭新成果，是金融衍生品市场创新发展的全新尝试，对于完善资本市场风险管理体系，吸引长期资金入市，扩大对外开放，促进资本市场健康发展具有重要意义。

沪深300股票股指期权上市推进坚持以“四个敬畏，一个合力”为指引，将“高标准、稳起步、控风险”的工作原则贯穿于产品上市的各个环节，在产品设计、系统准备、风险防控、投资者教育和舆论宣传等方面开展了扎实的准备。下一步，根据全面深化资本市场改革工作的总体安排，将扎实做好沪深300股票股指期权日常监管，确保市场稳定运行，市场功能逐步发挥。

持续健全完善期货期权市场规则体系

2019年，中国证监会指导上交所制定和修改了4项期权业务规则，指导深交所制定了11项期权业务规则，指导中金所制定了1项金融期权业务规则，推动了交易机制优化，保障了新产品上市运行。持续加强对已上市品种的跟踪评估，共指导各期货交易所修改期货合约及业务规则67项。推动各期货交易所将做市商制度扩展至19个主要期货品种。进一步放宽股指期货交易限制，促进股指期货市场功能发挥，股指期货常态化交易基本恢复。推动期货市场数据统计标准与国际接轨，推进期货市场数据统计口径调整为单边相关工作，并于2020年1月统一切换实施。指导交易所制定和修改多项金融期权业务规则，推动交易机制优化，保障新产品上市平稳运行。

基金市场

公募基金

截至2019年底，全国基金管理公司管理公募基金规模14.77万亿元，存续产品6 544只（见表3–6）；基金公司专户规模4.24万亿元；受托管理社保基金规模11 836.73亿元；受托管理基本养老金规模3 953.98亿元；受托管理企业年金（含职业年金）规模8 788.39亿元。全年完成1 611只产品注册。全年批复54只养老目标基金，其中52只已募集成立，累计募集金额165.90亿元，客户数36.69万户。

表3–6　2019年底证券投资基金数

（单位：只）

封闭式	开放式					合计
	股票型基金	混合型基金	货币市场基金	债券型基金	QDII	
861	1 135	2 593	335	1 471	149	6 544

资料来源：中国证券投资基金业协会。

私募基金

截至2019年底，基金业协会已备案私募基金81 739只，管理基金规模13.74万亿元，同比分别增长9.5%和7.5%。其中，私募证券投资基金管理人8 857家，管理正在运作的基金40 597只，管理基金规模2.44万亿元；私募股权、创业投资基金管理人14 882家，管理正在运作的基金37 225只，管理基金规模9.91万亿元；其他基金管理人727家，管理正在运作的基金3 908只，实缴规模1.39万亿元。

资本市场经营机构

证券经营机构

截至2019年底，全国共有证券公司133家，境内外上市的证券公司38家。证券公司总资产7.26万亿元（未经审计，本段下同），净资产2.02万亿元，注册资本5 277.88亿元，全年累计净利润1 230.95亿元。

期货经营机构

截至2019年底，全国共有持牌期货公司149家，注册资本773.14亿元（未经审计，本段下同），总资产（含客户资产）6 452.46亿元，净资产1 214.29亿元，客户保证金5 044.86亿元，2019年共实现净利润60.80亿元。

基金经营机构

公募基金。截至2019年底，全国共有128家基金管理公司，其中已有79家设立专户子公司。基金管理公司总资产3 260.80亿元（未经审计，本段下同），净资产2 076.44亿元，管理资产合计21.47万亿元。

私募基金。截至2019年底，基金业协会已登记私募基金管理人24 471家。私募基金管理人在从业人员管理平台完成注册的全职员工17.65万人，其中取得基金从业资格的员工14.22万人。私募基金管理人有产品规模的共有21 306家，平均管理基金规模6.45亿元。

证券投资咨询机构发展情况

截至2019年底，全国共有84家证券投资咨询机构，总资产127.49亿元（未经审计，本段下同），注册资本42.85亿元，实现营业收入88.12亿元，净利润3亿元。

中介服务机构发展情况

截至2019年底，我国共有证券资格会计师事务所40家，分布在北京、上海等11个省（直辖市、自治区）；分所765家，分布在全国各省（直辖市、自治区）；注册会计师人数为3.07万人，占全国注册会计师人数的28.81%。

截至2019年底，我国有证券资格资产评估机构70家，分布在北京、上海等19个省（直辖市、自治区）；分支机构345家，分布在除西藏外的各省（直辖市、自治区）；资产评估师人数为5 550人，占全国资产评估师人数的14.42%。

截至2019年底，获得中国证监会证券市场资信评级资质的证券评级机构11家，分布在北京、上海等5个省（直辖市、自治区）；证券评级机构总收入13.73亿元，其中来自交易所市场的收入9.09亿元；总资产43.88亿元，净资产32.88亿元；员工总数1 962人，其中分析师1 035人。

资本市场服务实体经济

支持民营经济

助力创新创业

服务国企改革

助力“三农”发展

服务脱贫攻坚

支持民营经济

支持民营企业通过资本市场发展壮大，推动缓解民营企业融资难融资贵问题。2019年，中国证监会共核准94家民营企业 IPO，融资金额789.44亿元；共有158家民营企业首发上市，融资金额1 310亿元；核准21家民营企业发行境外上市外资股，9家民营企业境外融资合计约213亿港元；民营上市公司再融资433次，融资金额2 785亿元；民营企业并购重组1 824单，交易金额8 439亿元；民营企业发行公司债券320只，融资金额2 795亿元；交易所市场共创设26单信用保护合约、5单信用保护凭证，支持16家民营企业债券融资228亿元；共有592家民营企业在“新三板”融资，融资金额226亿元；共有3 164家民营企业在区域性股权市场融资，融资金额1 415亿元。

案例 宁波建工“纾困基金+国资”纾困模式助力民营企业化解股权质押风险

宁波建工股份有限公司（简称宁波建工）控股股东浙江广天日月集团股份有限公司（简称广天日月）因资金周转需要，股票质押比例最高达89.62%。2018年10月底，由宁波市政府推动成立的上市公司稳健发展支持基金通过认购昆仑信托发行的信托计划并以宁波建工股票质押担保的方式，向广天日月提供了1.25亿元融资。2019年8月，广天日月与宁波交通投资控股有限公司（简称宁波交投）签署《股份转让协议》；2019年10月，协议转让事宜完成过户登记手续，宁波交投成为上市公司第一大股东，上市公司实际控制人变更为宁波市国资委。截至2019年底，广天日月股票质押比例已降至7.40%，宁波交投未质押股份，股票质押风险得到充分化解。

助力创新创业

支持符合条件的创新型企业利用资本市场融资。2019年，共核准87家高新技术企业IPO，占比69%，融资金额549.21亿元。顺利推出科创板，科创板着力支持符合国家战略、突破关键核心技术、市场认可度高的科技创新企业做优做强、发展壮大，2019年共有70家上市公司登陆科创板，股权融资总额达824亿元。发布《非上市公司非公开发行可转换公司债券业务实施办法》，扩大创新创业公司债券试点范围。鼓励私募基金支持科技创新，推动创新资本形成，私募股权基金在投项目超过11万个，累计投资金额6万多亿元。

案例 首钢基金支持“双创”发展

2014年12月，北京市和首钢集团有限公司共同出资设立了京冀协同发展产业投资基金，并成立了北京首钢基金有限公司（以下简称首钢基金）作为基金管理机构对京冀协同发展产业投资基金进行管理。经过两年发展，首钢基金逐渐成为一个具有高效投资与产业整合能力的资本平台。

针对双创企业运营的特点，首钢基金采取“开放式合作＋多样化交流”的方式，打造联动生态圈。除为其提供资金支持和企业服务外，首钢基金还引入银行、天使投资等其他金融资源，将金融产品及其背后的企业资源、产业资源、创业导师资源提供给双创企业，并为双创企业搭建资源共享、优势互补、合作共赢的发展平台，让成员间联动起来，促成业务合作。2015年起，首钢基金连续两轮领投了钢铁全产业链电商平台“找钢网”，结合“互联网+”，帮助钢铁企业由“以产定销、粗放生产”向“以销定产、订单式生产”转型，促进去产能、去库存，完成供给侧的“进化升级”。2017年，首钢基金与硅谷银行合作设立京西—硅谷投贷联动基金，共同挖掘和筛选初创项目，成功投资“瓜子二手车”和“经纬出行”项目。

根据基金业协会资产管理业务综合报送平台（AMBERS）系统数据显示，截至2019年底，首钢基金累计投资项目9个，累积投资金额约24亿元，在管基金4只，在管基金管理规模约230亿元，积极助推了京冀协同发展，有效支持了“双创”发展。

服务国企改革

按照国企改革领导小组统一部署，配合做好制定国企改革三年行动方案、混合所有制改革、健全激励机制等工作。推动社会资本参与市场化债转股，联合制定市场化债转股扩量提质工作方案，依法依规支持中金黄金、中国动力等债转股重点项目。积极支持国家管网公司组建、全国有线电视网络整合。2019年上市公司实施债转股项目规模约900亿元。其中，中金黄金债转股项目为首单与优质资产注入相结合的债转股项目；中国动力债转股项目为首单以定向可转债作为并购重组交易支付工具的债转股项目。

案例 市场化债转股助力国企改革

2019年12月，中金黄金发行股份购买资产并募集配套资金申请获得中国证监会核准。中金黄金引入市场化债转股实施机构以债权和现金对子公司中原冶炼厂增资46亿元，降低标的公司资产负债率。中金黄金向债转股投资者发行股份购买中原冶炼厂60.98%股权，作价47.07亿元，同时向控股股东中国黄金发行股份购买内蒙古矿业90%的股权，作价37.97亿元。中金黄金通过引入债转股实施机构对子公司进行增资，减轻子公司财务负担，降低了子公司及中金黄金的资产负债率，优化了财务结构。在上市公司层面引入社会资本，有利于优化中金黄金的股权结构，进一步提升其公司治理水平。交易完成后，中金黄金所控制的矿资源将大幅增加，有利于上市公司扩大资源综合利用范围，延伸产业链发展，提高公司核心竞争力，加快建设具有全球竞争力的世界一流矿业公司。

助力“三农”发展

加快推进玉米期权、棉花期权、菜籽粕期权等涉农期权品种上市，丰富期货市场服务农户、涉农企业发展的手段。稳步扩大“保险＋期货”试点规模和覆盖范围，重点推进县域全覆盖试点扩面工作。2019年，指导3家商品交易所支持“保险＋期货”试点项目（含县域全覆盖）128个，品种涉及大豆、玉米、鸡蛋、豆粕、白糖、苹果、红枣、天然橡胶，试点支持资金较2018年进一步增加，首次推出猪饲料成本指数类“保险＋期货”试点项目。在黑龙江、吉林、辽宁、内蒙古、山东、广西、云南、甘肃、陕西、海南等10个省（自治区）的20个县开展县域全覆盖试点（其中8个国家级贫困县），惠农保障力度持续提升。

案例 “保险＋期货”精准服务树典范，有效助力“三农”发展

黑龙江省海伦市是我国大豆主产区，素有“国产优质大豆之乡”的美誉，同时也是国家级贫困县。2019年，在过去两年试点成功运行的基础上，南华期货等5家期货公司联合黑龙江省农业投资集团、阳光农业相互保险公司在海伦市再次成功开展了大豆“保险＋期货”试点项目。2019年海伦试点模式由价格险升级为兼顾价格与产量的收入险，由小规模试点升级为县域全覆盖试点。承保面积高达152.96万亩，占全市大豆播种总面积的60%以上。承保大豆现货量25万吨，覆盖23个乡镇，惠及投保户23 784人，3 883户建档立卡贫困豆农全部投保。

2019年，该项目呈现三大积极特征：一是面对自然灾情和价格低迷的市场行情，项目在保障豆农综合收益方面发挥了巨大作用。项目总计赔付金额约9 850万元，有效规避了大豆价格和产量双重下跌风险。二是在保障豆农种植收益的基础上，项目还引入黑龙江省农业投资集团，以基差收购的方式与部分投保农户签订了利用大豆期货价格点价卖粮的农业订单，解决了农民售粮“最后一公里”问题，探索出以期货市场为定价依据、自谋增收的手段。三是作为我国规模最大的大豆品种“保险＋期货”试点项目，其覆盖面积、参保范围、承保现货量、单项目赔付金额均实现历史性突破，在推进农村产融结合发展、拓宽农民增收渠道、协力打赢精准扶贫脱贫攻坚战等方面发挥了重要作用，为全面建成小康社会提供了坚实支撑。

服务脱贫攻坚

深入学习贯彻习近平总书记关于扶贫工作的重点论述，认真落实《中央单位定点扶贫责任书》确定的各项任务。积极动员行业机构和上市公司参与脱贫。截至2019年底，已有101家证券公司结对帮扶285个贫困县；共有13家公募基金管理公司设立了专门的慈善基金会，15家基金机构设立了专项扶贫基金，共有98家期货公司与156个国家级贫困县（乡、村）签署了250份结对帮扶协议。继续对贫困地区企业IPO、债券融资、“新三板”挂牌等提供政策支持。2019年，3家贫困地区企业首发上市，募集资金25.16亿元，另有3家贫困地区企业通过发行审核；7家贫困地区企业在“新三板”挂牌，17家挂牌公司融资5.81亿元；交易所债券市场支持贫困地区企业累计发行公司债及资产支持证券共27只，融资金额156亿元。

案例 扶贫专项债助力“红色老区”延安脱贫攻坚

2019年4月9日，由联储证券有限责任公司主承销的“延安城市建设投资（集团）有限责任公司（简称延安城投）2019年非公开发行扶贫专项公司债券”在上交所正式挂牌。此次债券募投项目所属地位于陕西省延安市万花山及延安市延川县，项目发行规模10亿元人民币，票面利率7%，发行方式为非公开发行，但采用的是网上簿记建档的方式征集买方。该债券的发行获得资本市场合格投资者广泛认可，认购倍数高达5倍以上。该专项债券是依据革命老区延安的地方实际，将债券发行获得的资金用于发展旅游业等，其中1亿元将定点投向延安市延川县，助力“红色老区”脱贫攻坚。

依法全面从严监管

强化日常监管

稽查执法和打非清整

防范化解金融风险

资本市场法治建设

强化日常监管

深化行政审批制度改革

2019年8月，中国证监会在线政务服务平台正式上线运行，10月28日起在全国范围内实现会机关行政许可申请材料受理阶段电子化，11月1日起，派出机构行政许可申请材料也开始实施网上申报，“互联网＋政务”服务水平持续提升。2019年11月，制定并印发《在自由贸易试验区开展“证照分离”改革全覆盖试点工作实施方案》。进一步精简审批材料、压缩审批时限，取消“上市公司发行股份购买资产核准”“公募基金管理人资格审批”等9类行政许可事项27项申请材料，并压缩“上市公司发行股份购买资产核准”“外国证券类机构设立驻华代表机构核准及驻华代表机构名称变更核准”等4项行政许可事项承诺办理时限。发布《基金类行政许可审核工作指引1号》，进一步公开基金类审核标准。自2019年3月起，每周向社会公开证券基金经营机构行政许可反馈意见内容，提高行政许可审核工作透明度。全面清理证券基金行业备案报告事项，清理备案事项21项，清理比例37%；清理报告事项40项，清理比例35%。进一步改革优化公募基金产品注册机制，对符合规定的产品实施快速注册，提升注册效率。

强化交易所股票市场监管

制定《科创板上市公司持续监管办法（试行）》，构建以上市规则为核心的持续监管制度体系。发布《证券交易所风险基金监管指引》，明确交易所风险基金管理要求，建立事中事后监管安排。加大现场检查力度和覆盖面，完成111家IPO企业的现场检查、对124家上市公司再融资募集资金的现场检查。通过反馈整改、约谈提醒、采取行政监管措施、专项通报等方式，督促发行人和中介机构整改问题、落实责任，强化日常监管，不断提高拟上市公司质量。对1家涉嫌违法违规企业移送稽查，对7家企业出具警示函，将11家中介机构执业质量问题通报相关监管部门，通过两次新闻发布做好舆论引导，震慑违法违规行为。沪深交易所持续优化交易监管，向会员发布异常交易行为监测监控要点，规范监管行为，提高交易监管透明度，明确市场预期。沪深交易所修订《会员管理规则》，加强会员合规管理与风险控制，强化会员技术系统管理。指导沪深交易所修订《融资融券交易实施细则》，完善对融资融券等业务的逆周期调节措施。

加强上市公司规范运作监管

加强上市公司财务信息披露监管。制定并发布《公开发行证券的公司信息披露编报规则第24号——科创板创新试点红筹企业财务报告信息特别规定》。结合实务情况，进一步明确收入、金融工具等新会计准则的实施口径，做好执行新准则衔接工作，推动新准则平稳过渡。分类抽样审阅805家上市公司年报，关注重要和疑难企业会计准则及相关信息披露规范的执行问题并整理发布《2018年上市公司年报会计监管报告》。组织召开会计监管协调会，统一监管口径。对上市公司内部控制评价及审计报告进行专项分析，促进上市公司持续改进内部控制信息披露质量。

强化破产重整、并购重组监管。推动破产重整常态化，明确不支持上市公司在对资金占用、违规担保提出切实可行解决方案前破产重整。2019年，*ST中绒等7家公司进入破产重整程序，创近年新高。从严监管高估值、高商誉、高业绩承诺交易，遏制商誉增量，切实防范主业不佳甚至无主业公司不计、少计商誉减值，或通过“集中、随意、突然”商誉减值进行财务“大洗澡”。强化并购重组业绩承诺履行监管和内幕交易防控机制，严查业绩承诺、财务造假、业绩“变脸”等问题。

加强非上市公众公司监管

探索实施分类监管，按照“管少管精才能管好”的原则，区分情况、突出重点，对股东数量较大、并购融资较多、交易较活跃、风险外溢性强的挂牌公司加大年报审查和问询力度。建立差异化信息披露体系，提高信息披露的针对性和有效性。加强联合现场检查，加大监管执法，加强违法违规行为查处力度。坚持监管与服务相结合，以“抓财务基础、促公司规范”为主题，深入开展“了解公司·规范公司·服务公司”专项活动，引导挂牌公司夯实财务基础，提高信息披露质量，督促审计机构提升执业质量。通过“监管第一课”等多种方式，大力开展教育培训，帮助挂牌公司提升规范水平和融资能力。进一步健全非上市公众公司监管系统，优化系统功能，补充完善一万多家挂牌公司监管信息。加强对存在风险的挂牌公司进行现场检查，对违法违规行为采取行政监管措施或移送稽查立案。

加强交易所债券市场监管

强化债券监管和风险防控。加强公司债券发行人现场检查，2019年现场检查143家发行人，各证监局采取行政监管措施31家次、日常监管措施110余次。组织开展公司债券发行人年报审核，推动年报质量和及时性稳步提升。加强债券市场稽查执法，2019年推动对3家债券发行人立案稽查，推动2单私募债券欺诈发行案判决落地。建立债券业务分类评价制度，发布公司债券业务执业能力评价办法，定期公布评价结果，传递监管信号，引导行业强化内控管理，支持实体企业债券融资。发布“负面清单管理”相关自律规则，对存在负面清单事项的，明确“暂不受理或办理相关业务”的适用情形和实施程序。

加强资产支持证券（ABS）日常监管。完善ABS信息披露监管体系，发布临时信息披露指引。开展ABS定期报告（资产管理报告、托管报告）的审核工作。研究制定《资产证券化统计监测制度建设工作方案（征求意见稿）》，针对创新能力突出及具有重大政策意义的证券化项目，设计创新分类标签制度，起草分类标签认定标准与认定原则。修订完善基础资产分类标准，对ABS基础资产进行三级分类，实现对底层基础资产的穿透统计监测。

强化期货市场日常监管

2019年，期货市场持续监测指标体系触发预警57次。及时采取调整交易手续费、保证金、涨跌停板等风控措施49次，发布风险提示15次，有效应对铁矿石、红枣、苹果等品种价格大幅波动风险。加强保证金安全监测监控，确保期货市场客户资金安全，2019年报告一般预警21起，重大预警3起。加大对各类异常交易行为排查力度，2019年共查处涉嫌自成交、频繁报撤单等2 091次，进行相关的监管问询及谈话1 535次，限制开仓316次，移送涉嫌幌骗、内幕交易、编造传播虚假信息等违法违规行为案件线索6起，其中立案1起。稳步推进看穿式监管，全面启动客户交易终端信息采集和终端软件接入认证工作，结合多维度的客户大数据，有效提高期货交易所实控关系排查及认定效率。持续加强期货资管业务监管，对照资管新规要求上线新的期货公司监管信息（FISS）系统资管业务模块，深化细化相关报表，实现资管业务全流程监控。加强期货公司风险监管指标日常监测和现场检查工作，2019年累计开展全面检查215家次，专项检查508家次，采取行政监管措施81家次。

加强资本市场经营机构监管

发布实施《公开募集证券投资基金投资信用衍生品指引》，规范公开募集证券投资基金投资信用衍生品的行为。发布实施《公开募集证券投资基金参与转融通证券出借业务指引（试行）》，在防范业务风险的前提下，提高公募基金持有股票资产的运用效率。发布实施《证券公司股权管理规定》，规范证券公司股东行为。发布实施《公开募集证券投资基金信息披露管理办法》及配套规范性文件，优化指定信息披露媒体制度，引导机构落实合规主体责任。发布实施《证券投资者保护基金实施流动性支持管理规定》，为证券投资者保护基金用于证券公司流动性风险支持提供制度支持。印发《2019年期货经营机构监管工作实施计划》，督促期货经营机构合规经营。修订发布《期货公司监督管理办法》，提高期货公司注册资本及股东准入条件，夯实期货公司规范发展制度基础。修订发布《期货公司分类监管规定》，优化评价机制，引导期货公司专注主业，提升服务实体经济能力。修订发布《期货公司风险管理公司业务试点指引》，强化期货公司风险管理公司业务监管。发布实施《证券期货经营机构管理人中管理人（MOM）产品指引（试行）》，推动基金管理人利用管理人中管理人（MOM）业务模式承接机构理财资金，引导期货经营机构规范设立 MOM 产品。推动基金业协会完善信息公示制度，增设已注销私募基金管理人对外信息公示，完成私募基金信息披露备份系统开发工作，实现投资者信息查询功能。

加强中介机构监管

开展对证券资格会计师事务所与资产评估机构的日常监管，强化对556家上市公司年报审计重点项目的监管。发布《2018年度证券审计市场分析报告》和《2018年度证券资产评估市场分析报告》，引导会计师事务所与资产评估机构规范执业。发布《证券资格会计师事务所诚信记录与执业能力基本信息》，推动构建优胜劣汰的良性审计市场生态。2019年证监会系统单位对2家会计师事务所和1家资产评估机构开展全面检查，对15个审计项目、9个评估项目开展专项检查，对131个商誉减值审计、125个商誉减值评估项目和85个内部控制审计项目开展专题检查；各证监局结合辖区实际自主对237个审计项目、75个评估项目进行了检查。根据检查情况，共对94家次会计师事务所、44家次评估机构及200人次注册会计师、75人次资产评估师采取了行政监管措施。

加大对律师事务所及律师从事证券法律业务监管力度，开展律师事务所从事首次公开发行股票并在科创板上市证券法律业务检查，对16家律师事务所开展现场检查，及时查处有关涉嫌违法违规案件。2019年对2家次的律师事务所、12人次的律师采取行政监管措施。

提升科技监管能力

深化科技监管改革，在充分调研的基础上形成进一步深化科技监管改革的方案。不断加强信息化软、硬件基础设施建设，推进中央监管信息平台完善建设，进一步提高平台内流程互通和数据共享范围，提升平台使用效能。完成中央监管信息平台债券监管信息系统二期建设上线。探索利用大数据、人工智能等技术，推进研发监管科技应用场景，实现线上风险发现、线下评估核查的监管模式，进一步提升科技监管能力。充分利用期货公司 FISS 系统的功能作用，监测、分析有关财务数据及风险监管指标，指导派出机构妥善处置期货公司风险监管指标预警5起。加快私募投资基金监管信息系统改造升级，持续优化风险排查指标，形成9大类定量指标体系、36个具体风险指标、100余个风险参数，并推动工商、涉诉、诚信等外部数据互联互通，实现统计分析、信息查询、税收优惠、机构画像、风险展示、风险排查等功能。全面启动证联网升级换代工作，提升对监管科技的支撑能力。证券期货业南方信息技术中心二期项目正式开工，将以“打造世界一流行业信息中心”为目标，为行业机构提供更加安全、高效、集约，更多容量的基础设施服务。

稽查执法和打非清整

加大稽查执法力度，从严打击各类违法违规行为

严厉打击违法违规。2019年共受理违法违规有效线索544件（见图5—1），启动调查395件，新增立案案件344件，办结立案案件316件。全年86家上市公司或相关主体被立案，立案数量较2018年增加28家次。

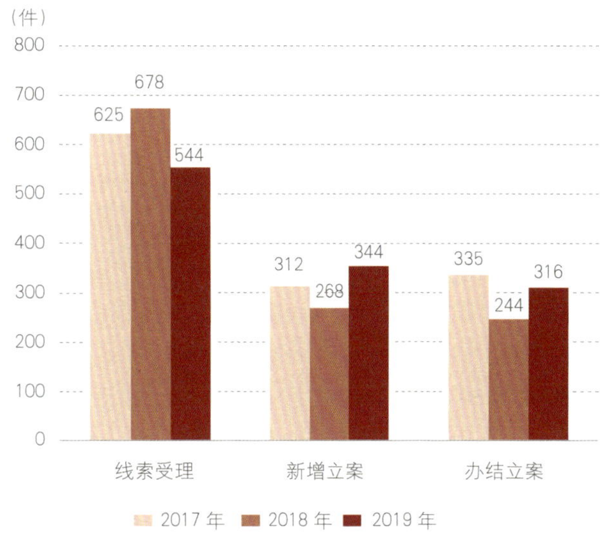

图5-1　2017—2019年案件总体情况

资料来源：中国证监会。

加大对上市公司财务造假、中介机构未勤勉尽责等违法行为打击力度，督促相关主体守法合规。立案调查信息披露违法、中介机构违规案件97件。查办康得新、康美药业、乐视网、暴风集团等引发市场高度关注的重大案件。坚持一案双查，对正中珠江、瑞华等8家会计师事务所未勤勉尽责立案调查。坚决查处大股东资金占用和违规担保，压实主体责任，督促上市公司及相关责任方尽快“清欠解保”。推动最高法统一裁判标准，明确上市公司违规担保无效，从源头上规范上市公司对外担保行为。2019年，47家公司因涉及资金占用或违规担保等被立案调查。

精准打击严重扰乱市场交易秩序的案件，立案调查内幕交易案件111件、操纵市场45件（见图5—2），联合公安机关查办罗某东等人与场外配资机构联合操纵市场案、吴某泽等人组织股市“黑嘴”跨境实施操纵市场案，快查快处陈某衡等人编造、传播“新任证监会主席记者招待会”虚假信息等重大典型案件。

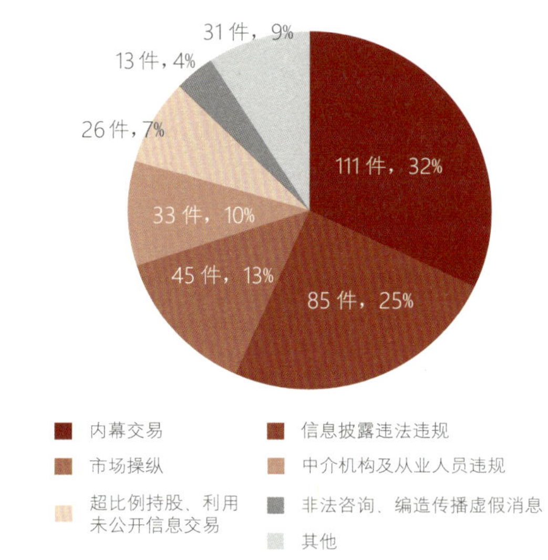

图5-2　2019年立案案件类型分布

资料来源：中国证监会。

加强执法合作，强化高效联动的执法协作机制。2019年向公安机关移送案件57起，涉案主体136名。依托联合调查、情报导侦等新模式突破罗某东等人操纵市场等一批典型案件。探索建立行政刑事线索会商联合研判机制，出台有关执法协作规范文件。联合组织100家单位和部门140名业务骨干参加打击证券期货违法犯罪执法培训班。会同人民银行、国家发展改革委出台有关开展债券市场执法工作的文件，进一步明确债券市场统一执法的职责分工和协调合作要求，共同研究处理债券市场违法线索。召开系统反洗钱工作联席会议，研究起草反洗钱工作实施文件，配合人民银行做好金融行动特别工作组（FATF）互评估工作。优化与香港证监会的跨境执法合作，共同组织“上市公司信息披露违法违规案件查办联合研讨会”，举行

三次工作会议，签署《协同调查指引》。针对操纵市场，“老鼠仓”调查难、移送难、认定难等监管执法难题，加强与最高法、最高检的协调沟通、调研论证，推动最高法、最高检正式出台了操纵市场和利用未公开信息交易犯罪刑事司法解释，与最高检联合印发加强资本市场法治工作会议纪要。加强与法院沟通协调，起草制定有关证券行政监管法律适用的解答。

加强行政处罚力度，完善案件审理机制

2019年，全系统共做出296份行政处罚决定，罚没款共计41.83亿元，市场禁入66人次。稳步推进巡回审理制度建设，在中金所增设期货市场巡回审理办公室，为期货市场案件审理处罚工作提供专业支持。进一步发挥兼职审理委员制度优势，选任第三届兼职审理委员。继续推动完善查审分离体制，不断改进案件审理制度和流程，推进派出机构辖区内案件自查自审，建立与调查部门、前端执法部门、交易所，以及立法、司法部门定期沟通交流机制。

推进行政复议、应诉工作，开展行政和解试点工作

2019年共办理行政复议案件200件，针对事实认定、法律适用存在问题的2起案件依法予以纠正，并提出意见建议30余次，督促规范执法。妥善化解行政争议，2019年，15件案件当事人主动撤回复议申请，经复议的案件中，有57.7%的案件当事人未再提起诉讼，86起案件当事人未再提起诉讼，实现案结事了。全系统共办理行政应诉案件156件，行政诉讼终审胜诉率96%。2019年4月，与高盛亚洲、高华证券等9名申请人达成行政和解协议，实现行政和解工作的零突破。全年共达成6项行政和解协议，取得积极的法律效果和社会效果。

强化清理整顿与打非工作

清理整顿各类交易场所。组织召开清理整顿各类交易场所部际联席会议第四次会议，部署下一阶段清理整顿各类交易场所攻坚战工作任务。加强统筹协调，提升合力，进一步压实属地责任，稳妥有序推进化解各类交易场所遗留问题和风险，健全长效监管工作机制。

严厉打击非法证券期货活动。打早打小，提升证券期货违法成本。健全省级执法协作机制，36家派出机构与省级公安机关签订《合作备忘录》。支持配合公安机关侦破典型案件震慑不法分子，2019年共摸排涉非案件线索2 042次，向公安机关等移送案件线索448件，出具非法活动性质认定意见283件。持续发布风险警示，开展防非宣传教育进社区、进校园等活动，全年共开展宣传教育专场401场，发送宣传材料183万份、短信2亿条。持续做好涉非信息监测清理，2019年共清理涉非信息和网站2 655条，曝光非法机构、网站2 251个。坚决打击场外配资活动，督促证券公司加强证券账户实名制管理，核查处理场外配资账户。协调有关部门清理场外配资网络信息，推进场外配资监测系统建设，密切监测、跟踪、评估场外配资发展态势及风险。持续做好场外配资风险警示工作，推动主要搜索引擎和社交平台在搜索结果页面置顶显示“请远离场外配资，谨防上当受骗”风险提示语。

防范化解金融风险

明确打好防范化解重大金融风险攻坚战行动方案

根据党中央、国务院印发的《打好防范化解重大金融风险攻坚战行动方案》及任务分工要求，印发证监会系统《打好防范化解重大金融风险攻坚战行动方案任务分工》，明确相关部门（单位）职责分工安排，保障攻坚战各项任务落实落地，及时上报攻坚战进展情况。定期召开股市风险监测及应对领导小组会议，视情况及时召开风险防范专题会议，综合研判股市、债市、期市风险状况，统筹协调风险应对工作。紧紧依托国务院金融委办公室，加强与有关金融管理部门的沟通协调，积极参与制定风险应对处置相关制度，编写防范化解金融领域风险案例。

打造有重点、全覆盖的资本市场监测体系

完善境外市场运行及涉外投资者监测机制，持续跟踪全球金融市场和宏观经济运行变化，及时做好内外部因素对资本市场影响的分析评估。制定常态化的跨境资金流动监测机制实施方案，定期监测涉外投资者交易持仓情况。健全资本市场重点领域、重点时段风险监测机制。持续跟踪监测股票质押、融资融券、债券违约等重点领域风险变化，建立风险台账，定期分析边际变化趋势。加强对科创板推出等重要时点的市场监控力度，及时掌握风险规模、行业和地域分布等边际变化。强化对重点机构、重点个股的监测。加强对重点金融机构的交易监控，定期向金融管理部门通报机构异常交易情况，强化监管协同。加强对股价异动、“涉系”等股票的跟踪监测，协调做好研究分析、风险应对等工作。组织加强对场外配资的监测分析，制定有针对性的监管工作方案和风险预案，主动通过答记者问等形式加强舆论引导，及时遏制系统化、规模化场外配资的蔓延势头。开发债券交易风险监测分析系统，严禁表外代持，规范债券交易行为。加强货币市场基金流动性风险防控，加大对系统重要性货币市场基金的监管力度，重点规范互联网平台货币基金的销售行为和风控情况。

防范化解股票质押风险

在国务院金融委统一指挥协调下，中国证监会会同人民银行、银保监会等有关部门，认真贯彻落实党中央国务院部署，坚持底线思维，督促上市公司控股股东切实承担风险化解主体责任，协调沪深证券交易所修订相关业务规则，推动地方政府和有关部门形成合力，针对场内质押加强现场检查、增强资本约束、督促证券行业强化风险管控，严防增量、缓释存量，平稳有序化解股票质押风险。2019年以来，全市场股票质押融资余额、高比例质押公司家数总体呈下降趋势，平仓风险有所缓解。截至2019年底，上市公司股东共质押股份5 789.5亿股，较2018年底下降555.6亿股；全市场质押融资余额约2.17万亿元，较2018年底下降13.2%，其中场内质押融资余额较2018年底下降30%；第一大股东质押比例80%以上的上市公司共491家，较2018年底下降185家；场内股票质押式回购交易余额从峰值1.62万亿元降至0.91万亿元，规模下降44%。

防控化解债券违约风险

加强债券违约风险全面排查监测，建立动态台账制度。不断完善风险处置机制，协调地方政府形成合力，支持市场机构综合运用信用增进、债务重组、破产重整等方式，分类施策化解风险个案。加强市场化风险处置机制建设，推出特定债券转让机制，完善债券回售、转售、购回等制度，促进风险市场化出清。协同最高人民法院、人民银行、国家发展改革委召开审理债券纠纷案件座谈会，推动明确纠纷案件诉讼主体资格、受理管辖与诉讼方式，以及发行人和中介机构责任等问题，推动畅通债券违约司法救济渠道。推动司法机关通过个案判决夯实ABS破产隔离的法律基础。在司法实践层面，第一次通过法院个案裁决的方式明确了在ABS业务中以原始权益人名义开立的监管账户资金归属于ABS所有，为ABS资产独立提供了有力的司法支持。

全面防控私募基金风险

组织开展私募基金专项检查，全年检查497家私募机构，将39家机构涉嫌违法犯罪线索移送公安部门或地方政府，对18家私募机构立案稽查，对198家私募机构采取行政监管措施。组织开展“辨真伪·识风险做理性私募投资者”主题投教宣传活动，普及私募基金知识，宣传法规政策，强化警示教育，倡导理性投资，引导理性维权。全年累计开展各类活动2.4万余场，投放投教宣传资料200余万份，各类微信推送阅读量850万人次，媒体报道近万次，活动受众1.6亿人次。健全风险防控协作机制，形成处置合力。与处置非法集资部际联席会议办公室合力整治非法集资风险，与公安机关合力打击私募领域违法犯罪活动，与地方政府合力监测风险、处置个案、维护稳定。

防范化解行业信息技术风险

进一步贯彻落实《网络安全法》，全面加强对证券期货业网络安全和技术运维管理的监督检查，积极推进行业关键信息基础设施识别认定工作，防范化解信息技术引发的金融风险。发布《证券基金经营机构信息技术管理办法》，完善证券基金行业信息技术监管制度体系。完成第十次行业网络安全联合应急演练，组织年度行业网络安全检查，协调深交所参与2019“护网行动”等重大网络安全活动。配合网络安全等级保护2.0制度（等保2.0）相关国家标准发布和应用，开展证券期货业等级保护标准修订工作。积极推进行业网络安全和信息化管理平台建设，摸清行业信息技术风险底数。

资本市场法治建设

完善基础法律制度

推动十三届全国人大常委会第十五次会议于2019年12月28日审议通过新修订的《证券法》。积极推进《刑法》《公司法》《企业破产法》修改，以及《期货法》《私募投资基金管理暂行条例》制定。推动最高人民法院、最高人民检察院出台操纵市场和利用未公开信息交易犯罪刑事司法解释。推动虚假陈述司法解释修订以及证券期货犯罪案件刑事立案追诉标准修订，探索建立符合中国国情的证券民事诉讼制度。

推动资本市场法规体系建设

2019年，中国证监会共出台规章10件、规范性文件23件。全面启动证券期货规章制度系统性清理工作。修订《证券期货规章制定程序规定》，进一步完善规章制度立法机制。为确保设立科创板并试点注册制工作顺利落地，中国证监会、上交所、中国结算、证券业协会共同出台了40多部规章规范性文件和业务规则等制度规则，为注册制改革工作“保驾护航”。推动允许科技企业实行特殊股权结构，进一步完善我国的类别股制度。起草发布《关于〈期货交易管理条例〉第七十条第五项“其他操纵期货交易价格行为”的规定》，明确禁止虚假申报、蛊惑、抢帽子、挤仓等4种操纵期货交易价格的行为。开展建设证券期货法规数据库，收录资本市场各类规则4 923件。

推进诚信数据基础与信息应用建设

联合7家中央单位发布《关于在科创板注册制试点中对相关市场主体加强监管信息共享 完善失信联合惩戒机制的意见》，建立有关监管信息查询、失信信息推送、信用记录应用、失信约束机制，在法定范围内提高欺诈发行、信息披露违法重点责任人群的失信成本。优化资本市场诚信数据库。截至2019年底，诚信数据库共收录主体信息100.7万余条，包括市场机构7.75万余家和人员92.91万余人，行政许可信息3.18万余条，监管执法信息3.1万余条，另有外部委诚信信息2 371万余条。持续推进落实上市公司相关责任主体联合惩戒备忘录。全年共向国家信用信息共享平台全量推送资本市场违法失信信息8 770条。中国证监会官网诚信信息查询平台为社会公众提供4 890万余次查询，日均15万余次。

保护投资者合法权益

完善投资者保护制度

健全投资者行权维权机制

提升投资者服务水平

加强投资者教育

完善投资者保护制度

成立投资者保护工作领导小组，进一步加强中国证监会党委对投资者保护工作的统一领导。设立“5·15”全国投资者保护宣传日，建立监管部门主导推动、相关部门联动、行业主动尽责、公众积极参与的投资者保护工作长效机制。

积极配合最高人民法院出台《关于为设立科创板并试点注册制改革提供司法保障的若干意见》，明确将保护投资者合法权益作为涉证券业务案件审判的根本性任务之一，完善以信息披露为中心的股票发行民事责任体系，强化控股股东、实际控制人的法律责任，落实投资者适当性管理要求，提高投资者举证能力，完善审判机制。

健全投资者行权维权机制

提升纠纷多元化解规范化水平。会同最高法建立“总对总”在线诉调对接机制，推动“中国投资者网”与“人民法院调解平台”互联互通。推广小额速调机制至35个辖区，签约法人机构178家。全年各调解组织共受理调解案件6 900余件，调解成功5 300余件，涉及金额约69亿元。

积极推进投资者赔偿救济机制建设和实践。8月7日，方正科技虚假陈述案获得终审判决，标志首例证券群体性纠纷示范判决案件破题。

持续开展持股行权、支持诉讼工作，投资者服务中心全年行权345场、行使股东权利579次；累计提起支持诉讼19起，帮助572名投资者获赔近5 500余万元。

提升投资者服务水平

优化12386热线服务机制，全年处理9.99余万件投资者诉求，为投资者挽回经济损失6 900余万元。将热线投诉直转范围扩大到全国，覆盖近800家市场经营机构总部及其上万家分支机构。

完成中国投资者网域名更换，开通配套微信公众号，完成网站与中央监管信息平台投保子系统对接。网站累计发布信息4.5万条。

组织开展全国期货市场交易者状况调查和上市公司投资者关系管理状况调查。

加强投资者教育

联合教育部印发合作备忘录，各辖区已在3 000多所学校开展证券期货知识普及教育，覆盖数千万学生。

组织开展“走近科创 你我同行”专项活动，线上线下8万余场活动吸引了近7 000万名投资者参与。

组织开展投教基地考核，国家级基地网站年访问量20多亿人次，现场接待投资者近10万人次，96%投资者表示满意。完成第三批国家级基地评审工作，新增24家国家级基地，截至2019年末国家级和省级基地总数达到143家。

2019年10月24日，世界银行发布《2020年营商环境报告》，我国综合排名居全球第31位。其中，“保护中小投资者”指标从2018年的第64名大幅提升至第28名。

对外开放

资本市场双向开放

国际交流与合作

资本市场双向开放

行业开放进一步扩大

有序扩大证券期货基金服务业双向开放。2019年6月，允许优质外资商业银行的境内法人机构单独申请基金托管资格；允许境外股东享有“国民待遇”，对其参控股的证券公司及基金管理公司实行“一参一控”政策。持续推进落实《证券公司和证券投资基金管理公司境外设立、收购、参股经营机构管理办法》，督促加强母公司对境外子孙公司管控，支持符合条件的证券基金经营机构有序开展境外业务，逐步提高跨境金融服务能力和国际竞争力。2019年10月11日，明确取消证券公司、基金管理公司和期货公司外资股比限制的具体安排：自2020年1月1日起，取消期货公司外资股比限制；自2020年4月1日起，取消基金管理公司外资股比限制；自2020年12月1日起，取消证券公司外资股比限制[①]。截至2019年底，共有57家证券基金经营机构在境外设立或收购58家子公司。支持外资私募基金机构在境内开展业务。截至2019年底，在基金业协会登记的外资私募证券基金管理人24家，备案73只基金产品，管理规模71.4亿元。从事私募股权投资和创业投资的外资管理机构（企业性质为中外合资企业、外商独资企业）共233家，管理基金611只，管理规模3 347.25亿元。

参与配合战略对话和投资谈判。积极参与中美、中德、中英、中印等政府间双边对话磋商机制，推动达成多项政策成果。成功举办第四届中新证券期货监管圆桌会，深化双方资本市场领域务实合作。积极参与中欧投资协定、中日韩自贸协定、区域全面经济伙伴关系协定（RCEP）、中韩自贸协定、中挪自贸协定等双多边投资协定和自贸区谈判，不断提高贸易和投资自由化便利化水平，构建高水平经贸投资关系。

支持符合条件的境外交易所、证券类经营机构设立驻华代表机构。修订发布《境外证券期货交易所驻华代表机构管理办法》（证监会令第157号），在制度层面落实外资交易所代表处备案制改革，加强事中事后监管。公告承诺将外国证券类机构代表处设立审批办理时限由6个月压缩为20个工作日。

市场开放持续深化

内地与香港市场互联互通机制不断完善。在北向投资者看穿式监管机制顺利实施的基础上，发布实施沪深港通南向投资者识别码制度规则，助力香港证监会市场监管，维护沪深港通平稳有序运行。2019年10月28日，小米集团、美团点评共两家不同投票权架构公司股票首次纳入港股通标的。2019年全年，沪深港通成交金额为11.93万亿元，沪港通、深港通成交金额分别为6.37万亿元和5.57万亿元。

A股纳入国际知名指数并提升纳入比例。2019年3月，明晟公司（MSCI）宣布将A股纳入因子由5%提升至20%，并已于2019年5月、8月、11月分三步完成纳入。2019年6月，富时罗素指数正式将A股纳入其全球股票指数系列，纳入因子为5%，2019年9月将纳入因子进一步提升至15%。2019年9月，标普道琼斯以25%的纳入因子一次性将A股纳入其全球宽基指数。2019年，境外投资者累计净买入A股2 947.22亿元（口径包括QFII、RQFII、沪深港通）。

“沪伦通”正式启动。2019年6月17日，沪伦通正式启动。中国证监会和英国金融行为监管局发布联合公告，签署《上海与伦敦市场互联互通机制监管合作谅解备忘录》。上交所上市公司华泰证券股份有限公司发行的沪伦通下首只全球存托凭证（GDR）产品在伦敦证券交易所挂牌交易，融资额约16.9亿美元。2019年10月，沪伦通开始跨境转换交易，市场表现总体平稳，跨境转换机制运行有效。

---

① 2020年3月13日，中国证监会明确自2020年4月1日起取消证券公司外资股比限制。

专栏 进一步扩大资本市场对外开放的9项政策措施

中国证监会坚决贯彻落实党中央国务院关于扩大金融业对外开放的决策部署，认真落实对外开放政策承诺，扎实推进资本市场对外开放取得重要进展。2019年6月，中国证监会对外宣布了9项进一步扩大资本市场对外开放的政策措施，为支持境外长期资金进入中国资本市场、鼓励境外优质证券基金期货经营机构来华展业提供了更加便利的制度条件。

一是推动修订QFII/RQFII制度规则，进一步便利境外机构投资者参与中国资本市场。

二是按照内外资一致的原则，允许合资证券和基金管理公司的境外股东实现“一参一控”。

三是按照内外资一致的原则，合理设置综合类证券公司控股股东的净资产要求。

四是适当考虑外资银行母行的资产规模和业务经验，放宽外资银行在华从事证券投资基金托管业务的准入限制。

五是全面推开H股“全流通”改革，更好服务企业发展。

六是加大期货市场开放力度，扩大特定品种的范围。

七是放开外资私募证券投资基金管理人管理的私募产品参与“港股通”交易的限制。

八是研究扩大交易所债券市场对外开放，拓展境外机构投资者进入交易所债券市场的渠道。

九是研究制定交易所熊猫债管理办法，进一步便利境外机构发债融资。

深化债券市场对外开放。按照“直接入市”模式，起草完成《境外机构投资者投资交易所债券市场管理办法》。推出类似于银行间市场与香港市场之间的“债券通”并将债券纳入股票“沪深港通”投资标的，便利境外投资者入市。起草完成《交易所债券市场境外机构债券发行管理暂行办法》。进一步明确境外机构在交易所发行人民币债券的条件、程序以及会计问题。

加大期货市场开放力度，扩大期货特定品种范围。2019年7月3日，批准上海国际能源交易中心开展20号胶期货交易，并确定20号胶期货为境内特定品种，引入境外交易者。截至2019年底，我国已有4种特定期货品种对外开放（原油、铁矿石、PTA、20号胶）。

顺利实施中日ETF互通。中日ETF互通产品于2019年6月25日正式落地。东西向4对ETF产品表现整体向好，运作平稳，为两地投资者提供了分享对方市场收益的重要渠道。截至2019年底，东向ETF（境内投资者投资东交所ETF产品）存量规模近2.83亿元人民币，西向ETF（境外投资者投资上交所ETF产品）存量规模近4.75亿元人民币。

投融资跨境双向流动

支持符合条件的境内企业境外上市融资。2019年，32家境内企业完成境外上市融资约1 059.27亿港元，其中境外首发融资约501.70亿港元，境外再融资约557.57亿港元。截至2019年底，共有284家境内企业在境外上市，融资总额约29 424.27亿港元。

深化境外上市制度改革。2019年7月，进一步精简境外上市申请材料目录和审核关注要点。2019年10月，国务院批复同意在中国境内注册并在境外上市的股份有限公司召开股东大会的通知期限、股东提案权和召开程序的要求统一适用《中国人民共和国公司法》相关规定，不再适用《国务院关于股份有限公司境外募集股份及上市的特别规定》中境外上市公司召开股东大会应当于会议召开前45日发出书面通知等要求的规定。配合《证券法》的修订，统筹推进境外上市监管改革和相关制度规则修订。

全面推开H股“全流通”改革。2019年11月15日，宣布全面推开H股“全流通”改革，发布《H股公司境内未上市股份申请“全流通”业务指引》。12月31日，中国结算和深交所联合发布《H股“全流通”业务实施细则》。政策发布后，符合条件的H股公司和拟申请H股首发上市的公司，可依法依规申请“全流通”。

扩大对港澳台开放

积极支持粤港澳大湾区建设等国家战略。配合有关部门做好《粤港澳大湾区发展规划纲要》及配套文件的制定和落实工作。进一步巩固和提升香港国际金融中心地位，支持澳门发展特色金融，促进经济适度多元发展。全面贯彻落实习近平总书记关于对台湾工作的重要论述，特别是在《告台湾同胞书》发表40周年纪念会上的重要讲话精神，持续跟进落实《关于促进两岸经济文化交流合作的若干措施》中“简化台湾同胞申请大陆证券期货基金从业资格程序”政策。支持台资企业在大陆资本市场直接融资，为台湾企业和台湾同胞提供更多同等待遇。

稳步推进内地与香港基金产品互认。2019年，共批复北上互认基金13只。截至2019年底，23只获批的北上互认基金中有16只在境内公开销售，合计销售保有净值约178.40亿元人民币。50只获批的南下互认基金中有22只开始在中国香港地区公开销售，合计销售保有净值3.35亿元人民币。

支持符合条件的内地证券公司、基金管理公司分别在香港地区设立或收购子公司。截至2019年底，内地证券公司、基金管理公司分别在香港地区设立或收购了31家、25家子公司

国际交流与合作

跨境监管和执法合作

签署双边监管合作谅解备忘录。2019年，中国证监会与德国联邦金融监管局更新签署证券期货监管合作谅解备忘录并签署《关于期货和衍生品监管合作与信息交换的谅解备忘录附函》，与法国金融市场监管局签署《关于金融领域创新合作谅解备忘录》，与柬埔寨证券交易委员会签署证券期货监管合作谅解备忘录。截至2019年底，中国证监会共与64个国家（地区）的证券期货监管机构签署了双边监管合作谅解备忘录。

积极开展跨境监管与执法协作。稳妥推进与美国公众公司会计监督委员会（PCAOB）有关审计监管合作事宜，为我在美上市公司营造良好监管环境。不断完善跨境执法合作机制，会同财政部分别与香港证监会、美国证监会签署谅解备忘录，明确了由香港会计师事务所出具审计报告、审计工作底稿存放在内地的监管合作安排。

认真履行国际证监会组织（IOSCO）多边备忘录下跨境执法合作义务。2019年新增境外执法协查请求14件（不含香港），办结14件；新增境外监管信息交换类请求28件（不含香港），办结28件。加强与香港证监会跨境执法协作，全年共办理协查请求222件，其中对外提出协查请求40件。为境外监管机构执法提供有效协助。积极利用双多边国际合作机制开展涉外调查，向9个境外国家证券监管机构发出13件执法协查请求，为近年最高水平，且合作形式不断丰富，首次以视频方式参与境外监管机构代我强制问询。

与 IOSCO 的合作交流

深入参与 IOSCO 工作。2019年继续担任亚太地区委员会、多边备忘录监督小组、二级市场监管委员会副主席；重点参与 IOSCO 各政策制定委员会及工作组工作，牵头完成中小投资者投诉处理与权益救济项目的调研和报告撰写，积极参与了关于市场分割、虚拟资产交易平台监管、做市商与流动性供应等国际标准制定和起草，认真借鉴国际最佳实践并宣传中国经验。积极参与 IOSCO《债券市场流动性》《复杂产品分销的投资者适当性要求》《货币市场基金政策一致性》《中介机构与交易场所业务连续性计划》《IOSCO 目标与原则》涉及监管机构的原则等国际标准实施情况专题评估。

与其他国际组织的合作

落实与国际货币基金组织（IMF）中长期技术援助谅解备忘录，联合举办国债期货研讨会、资本市场基础设施研讨会；与世界银行合办“加强和完善跨境资本流动管理”项目研讨会；继续参与金融稳定理事会（FSB）影子银行的数据统计和意见反馈等相关工作；向 IMF 等国际组织反馈《债券市场未来》《宏观审慎政策调查》《汇兑安排与汇兑限制年报》及 FSB 实施监测网络等工作意见；积极参与 IMF 第四条款中期磋商的年度磋商。

继续积极参与经济合作与发展组织（OECD）公司治理委员会的有关工作；配合相关部委参与二十国集团（G20）、世界贸易组织（WTO）、亚太经合组织（APEC）、亚洲开发银行（ADB）、金融行动特别工作组（FATF）等多边框架下的务实合作。

专栏 中国证监会国际顾问委员会第十六次会议在北京召开

中国证监会国际顾问委员会（简称顾委会）第十六次会议于2019年11月10—11日在北京召开。该次顾委会会议的主题为“加强基础性制度建设，深化资本市场改革开放”。会议围绕国际经济金融形势及中国资本市场改革发展和监管重点任务，研讨了科创板及发行注册制改革、开放条件下跨境资本流动的监测监管、证券监管执法的有效震慑和投资者保护等议题。与会委员高度评价2019年以来中国资本市场改革发展取得的重要成效，一致认为中国坚定不移地推进资本市场的改革开放，将为建设一个规范、透明、开放、有活力、有韧性的资本市场注入强大动力。与会代表就更好地发挥资本市场直接融资功能、促进金融结构优化，更好地推进科创板建设和注册制改革、培育优秀企业的创新能力，完善立法和有效执法、推进合规文化和诚信建设、保护投资者合法权益，以及加强科技监管和监管合作、完善对跨境资本流动的监测监管机制等分享了经验，提出了许多针对性强的咨询意见。

附录

附录 1 证券期货市场 2019 年监管大事记

附录 2 2019 年中国证监会颁布的部门规章和规范性文件

附录 3 系统单位简介及联系方式

附录1　证券期货市场2019年监管大事记

1. 1月15日　中国证监会发布《公开募集证券投资基金投资信用衍生品指引》（公告〔2019〕1号）。
2. 1月26日　中共中央决定，任命易会满同志为中国证监会党委书记，免去刘士余同志的中国证监会党委书记职务。
3. 1月28日　中国证监会发布《关于在上海证券交易所设立科创板并试点注册制的实施意见》（公告〔2019〕2号）。
4. 1月29日　中国证监会发布《中国证监会启用政府信息依申请公开在线申请平台的公告》（公告〔2019〕3号）。
5. 2月1日　中国证监会发布《关于聘任中国证券监督管理委员会第十八届发行审核委员会委员的公告》（公告〔2019〕4号）。
6. 2月15日　中国证监会发布《关于修改〈期货公司分类监管规定〉的决定》（公告〔2019〕5号）。
7. 3月1日　中国证监会发布《科创板首次公开发行股票注册管理办法（试行）》（证监会令第153号）。
8. 3月1日　中国证监会发布《科创板上市公司持续监管办法（试行）》（证监会令第154号）。
9. 3月1日　中国证监会发布《公开发行证券的公司信息披露内容与格式准则第41号——科创板公司招股说明书》、《公开发行证券的公司信息披露内容与格式准则第42号——首次公开发行股票并在科创板上市申请文件》（公告〔2019〕6号、公告〔2019〕7号）。
10. 3月7日　中国证监会发布《公开发行证券的公司信息披露编报规则第24号——科创板创新试点红筹企业财务报告信息特别规定》（公告〔2019〕8号）。
11. 3月21日　中国证监会发布《关于取消部分行政许可事项申请材料、压缩部分行政许可事项承诺办理时限的公告》（公告〔2019〕9号）。
12. 4月3日　中国证监会发布《关于设立“5·15全国投资者保护宣传日”的决定》（公告〔2019〕12号）。
13. 4月8日　全国首单省级人才租赁类REITs产品“海南省人才租赁住房第一期资产支持专项计划”在深交所举行挂牌仪式。
14. 4月9日　深交所正式发布“粤港澳大湾区创新100指数”。
15. 4月17日　中国证监会发布《关于修改〈上市公司章程指引〉的决定》（公告〔2019〕10号）。
16. 4月23日　中国证监会发布《中国证监会与相关申请人达成行政和解协议》（公告〔2019〕11号）。
17. 4月25日　中国证监会与国际货币基金组织在上海联合举办国债期货研讨会。
18. 6月4日　中国证监会发布《期货公司监督管理办法》（证监会令第155号）。
19. 6月14日　中国证监会发布《公开募集证券投资基金参与转融通证券出借业务指引（试行）》（公告〔2019〕15号）。
20. 6月17日　中国证监会和英国金融行为监管局发布沪伦通《联合公告》，沪伦通正式启动。
21. 6月17日　上交所上市公司华泰证券股份有限公司发行的沪伦通下首只全球存托凭证（GDR）产品在伦交所挂牌交易。
22. 6月21日　A股纳入富时罗素全球指数，启动仪式在深交所举行。
23. 6月24日　中国证监会与国际货币基金组织在深圳联合举办资本市场基础设施研讨会
24. 6月25日　上交所和日交所集团分别举行中日ETF互通开通仪式，4只中日ETF互通产品在上交所成功上市。
25. 7月1日　深交所全资子公司深圳证券信息有限公司正式加入国际指数行业协会（IIA）。
26. 7月3日　财政部、中国证监会与香港证监会在北京签署关于调取香港会计师事务所审计的、存放在中国内地的审计工作底稿的合作备忘录。
27. 7月5日　中国证监会发布《证券公司股权管理规定》（证监会令第156号）。

28. 7月5日　中国证监会发布《关于实施〈证券公司股权管理规定〉有关问题的规定》（公告〔2019〕16号）。

29. 7月25日　中国证监会发布《境外证券期货交易所驻华代表机构管理办法》（证监会令第157号）。

30. 7月26日　沪深港交易所同时向市场公布科创板"A+H"公司股票纳入沪深港通股票范围的安排。

31. 7月26日　中国证监会发布《公开募集证券投资基金信息披露管理办法》（证监会令第158号）。

32. 7月26日　中国证监会发布《关于实施〈公开募集证券投资基金信息披露管理办法〉有关问题的规定》（公告〔2019〕17号）。

33. 7月26日　中国证监会发布《公开募集证券投资基金信息披露 XBRL 模板第 5 号〈基金产品资料概要〉》（公告〔2019〕18号）。

34. 8月23日　中国证监会发布《科创板上市公司重大资产重组特别规定》（公告〔2019〕19号）。

35. 8月24日　富时罗素将 A 股纳入因子由5% 提升至15%。本次调整新增加87只中国 A 股。

36. 9月12日　中国证监会发布《证券交易所风险基金监管指引》（公告〔2019〕14号）。

37. 9月20日　标普道琼斯正式将 A 股以25% 因子首次纳入其全球宽基指数（BMI），A 股纳入标的总数共1 099只。

38. 9月25日　上期所上市全球首个不锈钢期货品种。

39. 10月18日　中国证监会发布《关于修改〈上市公司重大资产重组管理办法〉的决定》（证监会令第159号）。

40. 10月18日　中国证监会发布《〈上市公司重大资产重组管理办法〉第十四条、第四十四条的适用意见—证券期货法律适用意见第12号》（证监会公告〔2019〕21号）。

41. 11月15日　中国证监会宣布全面推开 H 股"全流通"改革，同日发布《H 股公司境内未上市股份申请"全流通"业务指引》（公告〔2019〕22号）。

42. 11月18日　中国证监会发布《关于〈期货交易管理条例〉第七十条第五项"其他操纵期货交易价格行为"的规定》（证监会令第160号）。

43. 11月18日　中国证监会发布《〈证券期货业数据模型 第1部分：抽象模型设计方法〉金融行业标准》（公告〔2019〕24号）。

44. 11月19日　中国证监会发布《关于对上海华信证券有限责任公司进行风险处置的公告》（公告〔2019〕23号）。

45. 11月26日　MSCI 将 A 股纳入因子由15% 提升至20%，并以20% 的纳入因子纳入中盘股。至此，A 股纳入标的总数增加至472只，2019年 MSCI 分三步将 A 股纳入因子从5% 提升至20% 的计划已全部完成。

46. 12月5日　境内首只挂牌上市的商品期货 ETF——华夏饲料豆粕期货 ETF 在深交所上市交易。

47. 12月6日　中国证监会发布《证券期货经营机构管理人中管理人（MOM）产品指引（试行）》（公告〔2019〕26号）。

48. 12月12日　中国证监会发布《证券期货业统计指标标准指引（2019年修订）》（公告〔2019〕28号）。

49. 12月20日　中国证监会发布《关于修改〈非上市公众公司监督管理办法〉的决定》（证监会令第161号）。

50. 12月20日　中国证监会发布《非上市公众公司信息披露管理办法》（证监会令第162号）。

51. 12月23日　我国证券市场首只跨市场 ETF 股票期权产品——沪深300ETF 期权成功上市交易。

52. 12月23日　我国境内首只股指期权产品——沪深300股指期权在中金所上市。

53. 12月25日　中国证监会发布《证券投资者保护基金实施流动性支持管理规定》（公告〔2019〕29号）。

54. 12月28日　十三届全国人大常委会第十五次会议表决通过了修订后的《中华人民共和国证券法》。新证券法于2020年3月1日起正式施行。

55. 12月28日　中国证监会发布《上市公司分拆所属子公司境内上市试点若干规定》（公告〔2019〕27号）。

附录2 2019年中国证监会颁布的部门规章和规范性文件

中国证监会颁布的部门规章

1. 《科创板首次公开发行股票注册管理办法（试行）》（2019年3月1日 证监会令第153号）
2. 《科创板上市公司持续监管办法（试行）》（2019年3月1日 证监会令第154号）
3. 《期货公司监督管理办法》（2019年6月4日 证监会令第155号）
4. 《证券公司股权管理规定》（2019年7月5日 证监会令第156号）
5. 《境外证券期货交易所驻华代表机构管理办法》（2019年7月25日 证监会令第157号）
6. 《公开募集证券投资基金信息披露管理办法》（2019年7月26日 证监会令第158号）
7. 关于修改《上市公司重大资产重组管理办法》的决定（2019年10月18日 证监会令第159号）
8. 《关于〈期货交易管理条例〉第七十条第五项“其他操纵期货交易价格行为”的规定》（2019年11月18日 证监会令第160号）
9. 《关于修改〈非上市公众公司监督管理办法〉的决定》（2019年12月20日 证监会令第161号）
10. 《非上市公众公司信息披露办法》（2019年12月20日 证监会令第162号）

中国证监会颁布的规范性文件

1. 《公开募集证券投资基金投资信用衍生品指引》（2019年1月15日 证监会公告〔2019〕1号）
2. 《关于修改〈期货公司分类监管规定〉的决定》（2019年2月15日 证监会公告〔2019〕5号）
3. 《公开发行证券的公司信息披露内容与格式准则第41号——科创板公司招股说明书》（2019年3月1日 证监会公告〔2019〕6号）
4. 《公开发行证券的公司信息披露内容与格式准则第42号——首次公开发行股票并在科创板上市申请文件》（2019年3月1日 证监会公告〔2019〕7号）
5. 《公开发行证券的公司信息披露编报规则第24号——科创板创新试点红筹企业财务报告信息特别规定》（2019年3月7日 证监会公告〔2019〕8号）
6. 《关于修改〈上市公司章程指引〉的决定》（2019年4月17日 证监会公告〔2019〕10号）
7. 《证券交易所风险基金监管指引》（2019年9月12日 证监会公告〔2019〕14号）
8. 《公开募集证券投资基金参与转融通证券出借业务指引（试行）》（2019年6月14日 证监会公告〔2019〕15号）
9. 《关于实施〈证券公司股权管理规定〉有关问题的规定》（2019年7月5日 证监会公告〔2019〕16号）
10. 《关于实施〈公开募集证券投资基金信息披露管理办法〉有关问题的规定》（2019年7月26日 证监会公告〔2019〕17号）
11. 《公开募集证券投资基金信息披露XBRL模板第5号〈基金产品资料概要〉》（2019年7月26日 证监会公告〔2019〕18号）
12. 《科创板上市公司重大资产重组特别规定》（2019年8月23日 证监会公告〔2019〕19号）
13. 《〈上市公司重大资产重组管理办法〉第十四条、第四十四条的适用意见——证券期货法律适用意见第12号》（2019年10月18日 证监会公告〔2019〕21号）
14. 《H股公司境内未上市股份申请“全流通”业务指引》（2019年11月14日 证监会公告〔2019〕22号）
15. 《证券期货经营机构管理人中管理人（MOM）产品指引（试行）》（2019年12月6日 证监会公告〔2019〕26号）

16.《上市公司分拆所属子公司境内上市试点若干规定》（2019年12月12日 证监会公告〔2019〕27号）

17.《证券期货业统计指标标准指引》（2019修订）（2019年12月12日 证监会公告〔2019〕28号）

18.《证券投资者保护基金实施流动性支持管理规定》（2019年12月25日 证监会公告〔2019〕29号）

附录3　系统单位简介及联系方式

上海证券交易所

上海证券交易所（上交所）成立于1990年11月26日，是实施自律管理的法人，归属中国证监会直接管理。

上交所主要职能包括：提供证券交易的场所、设施和服务；制定和修改证券交易所的业务规则；审核、安排证券上市交易，决定证券暂停、恢复、终止和重新上市；提供非公开发行证券转让服务；组织和监督证券交易；对会员进行监管；对证券上市交易公司及相关信息披露义务人进行监管，对证券服务机构为证券上市、交易等提供服务的行为进行监管；管理和公布市场信息；开展投资者教育和保护；法律、行政法规规定及中国证监会许可、授权或委托的其他职能。

上交所市场交易的证券品种主要包括股票、衍生品、债券、基金4大类。截至2019年12月31日，沪市上市公司达到1 572家，股票总市值35.55万亿元，成交金额54.38万亿元，筹资总额5 145亿元。股票期权累计挂牌交易合约数为724个，成交量62 282万张，成交金额3 389亿元。债券现货挂牌数15 368只，托管量10.14万亿元，成交金额64 087亿元；债券回购成交金额215.37万亿元。基金挂牌数308只，总市值6 088亿元，成交金额68 590亿元。

联系电话：021–68808888
传真：021–68804868
电子邮件：webmaster@secure.sse.com.cn
网址：www.sse.com.cn
地址：上海市浦东南路528号证券大厦（200120）

深圳证券交易所

深圳证券交易所（深交所）于1990年12月开始营业，是实行自律管理的法人，归属中国证监会直接管理。

深交所的主要职能包括：提供证券集中交易的场所、设施和服务；制定和修改证券交易所的业务规则；审核、安排证券上市交易，决定证券暂停上市、恢复上市、终止上市和重新上市；提供非公开发行证券转让服务；组织和监督证券交易；组织实施交易品种和交易方式创新；对会员进行监管；对证券上市交易公司及相关信息披露义务人进行监管；对证券服务机构为证券上市、交易等提供服务的行为进行监管；设立或者参与设立证券登记结算机构；管理和公布市场信息；开展投资者教育和保护；法律、行政法规规定的以及中国证监会许可、授权或者委托的其他职能。

截至2019年底，深交所共有上市公司2 205家，上市股票2 242只。股票市价总值23.74万亿元，流通市值18.22万亿元，筹资总额5 089.30亿元，累计成交金额73.03万亿元。债券现货挂牌数5 998只，托管量2.08万亿元，累计成交金额25.44万亿元。基金挂牌总数530只，总市值1 930.98亿元，累计成交金额2.31万亿元。

联系电话：0755–88668888
传真：0755–82083947
电子邮件：cis@szse.cn
网址：www.szse.cn
地址：广东省深圳市福田区深南大道2012号（518038）

上海期货交易所

上海期货交易所（上期所）是在中国证监会集中统一监督管理下，依法依规组织期货交易及其相关活动，并实行自律管理的法人。

上期所主要职能包括：为期货交易及相关的其他业务提供场所、设施和服务，制定并实施业务规则和风险管理制度，设计并安排合约上市，以及中国证监会许可的其他职能。

截至2019年底，上期所上市交易的有铜、铝、锌、铅、镍、锡、黄金、白银、螺纹钢、线材、热轧卷板、不锈钢、原油、燃料油、石油沥青、天然橡胶、20号胶、纸浆18个期货品种；铜、黄金、天然橡胶3个期权品种。上期所共有会员198家，投资者开户数约152.34万户，指定交割仓库101家，指定保证金存管银行12家。子公司上期能源共有会员157家，投资者开户数约10.52万户，指定交割仓库16家，指定保证金存管银行13家。

2019年，上期所（含上期能源）总成交金额112.52万亿元，总成交量14.48亿手（单边计算），同比分别增长19.35%和20.44%。

联系电话：021–68400000
传真：021–68401198
电子邮件：info@shfe.com.cn
网址：www.shfe.com.cn
地址：上海市浦东新区浦电路500号（200122）

郑州商品交易所

郑州商品交易所（郑商所）成立于1990年10月，是国务院批准成立的首家期货市场试点单位，由中国证监会管理。

郑商所主要职能包括：提供期货交易场所，期货合约设计与上市服务，期货交易结算与交割服务，期货交易监督，期货交易风险管理，期货交易信息服务等。

截至2019年底，郑商所上市普通小麦、优质强筋小麦、早籼稻、晚籼稻、粳稻、棉花、棉纱、油菜籽、菜籽油、菜籽粕、白糖、苹果、红枣、动力煤、甲醇、精对苯二甲酸（PTA）、玻璃、硅铁、锰硅、尿素、纯碱21个期货品种，以及白糖、棉花、PTA、甲醇4个期权；共有场内会员151家，投资者开户数约181.9万户；指定交割仓（厂）库292家；指定保证金存管银行14家。2019年，累计成交量10.92亿手、成交金额39.54万亿元、日均持仓量449.48万手，同比分别增长33.58%、3.45%和26.38%。

联系电话：0371–65610069
传真：0371–65613068
电子邮件：czce@czce.com.cn
网址：www.czce.com.cn
地址：河南省郑州市郑东新区商务外环路30号（450018）

大连商品交易所

大连商品交易所（大商所）成立于1993年，是实行自律监管的法人，归属中国证监会监督管理。

大商所主要职能包括：提供期货、期权交易场所、设施和服务；设计合约、安排合约上市；组织并监督交易、结算和交割；制定并实施风险管理制度，控制市场风险；组织开展市场宣传和投资者教育服务；查处违规行为；中国证监会规定的其他职责。

截至2019年底，大商所上市交易玉米、玉米淀粉、黄大豆1号、黄大豆2号、豆粕、豆油、棕榈油、粳米、鸡蛋、纤维板、胶合板、焦炭、焦煤、铁矿石、线型低密度聚乙烯、聚氯乙烯、聚丙烯、乙二醇、苯乙烯等19个期货品种，以及豆粕、玉米、铁矿石3个期权品种，在铁矿石期货上引入境外交易者，上线商品互换业务、基差交易平台，形成了多元开放衍生品市场新格局。大商所现有会员163家，投资者开户384万户，交割仓（厂）库341个，保证金存管银行16家。2019年，大商所实现成交量13.56亿手、成交额68.93万亿元、日均持仓量728万手，同比分别增长38%、32%、24%。

市场功能发挥较为有效，为产业企业提供了重要的贸易定价依据和有效的风险管理工具。目前，大商所已初步实现多元开放战略转型，正加快向国际一流衍生品交易所迈进。

联系电话：0411-84808888
传真：0411-84808588
电子邮件：office@dce.com.cn
网址：www.dce.com.cn
地址：辽宁省大连市沙河口区会展路129号（116023）

中国金融期货交易所

中国金融期货交易所（中金所）成立于2006年9月8日，是经国务院同意、中国证监会批准的国内第一家公司制交易所，也是国内唯一一家专门从事金融期货期权等衍生品市场建设的交易所，目前注册资本为100亿元人民币。

中金所主要职能包括：组织安排金融期货等金融衍生品上市交易、结算和交割；制订业务管理规则；实施自律管理；发布市场交易信息；提供技术、场所、设施服务；中国证监会许可的其他职能。

截至2019年底，中金所共上市沪深300、上证50、中证500股指期货3个股指期货产品，2年期、5年期、10年期国债期货3个国债期货产品和一个股指期权产品，即沪深300股指期权。2019年，股指期货成交5 325.13万手，成交金额54.80万亿元。其中，沪深300股指期货成交2 363.85万手，成交金额26.71万亿元；上证50股指期货成交966.90万手，成交金额8.22万亿元；中证500股指期货成交1 994.38万手，成交金额19.88万亿元。国债期货成交1 303.21万手，成交金额14.82万亿元。其中，2年期国债期货成交198.76万手，成交金额3.98万亿元；5年期国债期货成交179.83万手，成交金额1.79万亿元；10年期国债期货成交924.62万手，成交金额9.04万亿元。沪深300股指期权成交12.70万手，成交金额13.02亿元。

联系电话：021-50160666
传真：021-50160606
电子邮件：zixun@cffex.com.cn
网址：www.cffex.com.cn
地址：上海市浦东新区世纪大道1600号陆家嘴商务广场（200122）

中国证券登记结算有限责任公司

中国证券登记结算有限责任公司（中国结算）按照《证券法》关于证券登记结算集中统一运营的要求，经国务院同意、中国证监会批准，于2001年3月30日组建成立。公司为不以营利为目的的法人，归属中国证监会直接管理，是我国具有系统重要性的金融市场基础设施之一。

按照《证券法》和《证券登记结算管理办法》等规定，中国结算依法履行证券账户的设立和管理、证券集中登记、存管等职能，并为证券交易提供多边净额和全额等多种结算服务。公司服务范围涵盖了沪、深交易所与全国股转系统全部上市（挂牌）证券、股票期权、沪港通、深港通、陆港基金互认、开放式基金、资管产品、转融通、国债期货实物交割、债券跨市场转托管等广泛领域。

截至2019年12月31日，中国结算管理的一码通证券账户投资者达15 975.24万人。登记存管的沪、深市场证券20,785只，其中上市股票3 861只，登记存管新三版挂牌股票9,107只。登记的资管产品2 630只。2019年1—12月，公司结算总额1 236.42万亿元，日均结算总额5.07万亿元，日均结算净额2 031.84亿元，日均过户笔数7 364.75万笔，日均过户金额4.65万亿元。

联系电话：010-66210988
传真：010-66210938

电子邮箱：zbshi@chinaclear.com.cn
网址：www.chinaclear.cn
地址：北京市西城区太平桥大街17号（100033）

中国证券投资者保护基金有限责任公司

中国证券投资者保护基金有限责任公司（投保基金公司）成立于2005年8月30日，是由国务院出资设立，归口中国证监会管理的国有独资企业。

投保基金公司主要职责包括：筹集、管理和运作基金；监测证券公司风险，参与证券公司风险处置工作；证券公司被撤销、被关闭、破产或被证监会实施行政接管、托管经营等强制性监管措施时，按照国家有关政策规定对债权人予以偿付；组织、参与被撤销、关闭或破产证券公司的清算工作；管理和处分受偿资产，维护基金权益；发现证券公司经营管理中出现可能危及投资者利益和证券市场安全的重大风险时，向证监会提出监管、处置建议；对证券公司运营中存在的风险隐患会同有关部门建立纠正机制；国务院批准的其他职责。

截至2019年底，投保基金公司注册资本63亿元，按照《证券投资者保护基金管理办法》规定筹集、使用和运作基金，累计拨付投保基金225.302亿元，累计受偿现金43.546亿元（包括代财政部管理的债权受偿现金0.064亿元）。证券市场交易结算资金监控系统对全市场经纪业务客户的2.67亿个资金账户、11 201.26多亿元保证金实现全面动态监测。投保基金公司持续对103家开展经纪业务的证券公司及16家资管子公司开展常态化风险监测预警。

联系电话：010-66580711
传真：010-66580616
电子邮件：zhangli@sipf.com.cn
网址：www.sipf.com.cn
地址：北京市西城区金融大街5号新盛大厦（100033）

中国证券金融股份有限公司

中国证券金融股份有限公司（中证金融）成立于2011年10月28日，是经国务院同意，中国证监会批准设立的全国性证券类金融机构，是中国境内唯一从事转融通业务的金融机构。

中证金融主要职责包括：为证券公司融资融券业务提供资金和证券的转融通服务；对证券公司融资融券业务运行情况进行监控；监测分析全市场融资融券交易情况，运用市场化手段防控风险；对证券公司参与股票质押式回购交易实施信息统计和风险监测；开展证券投资基金托管业务；运用市场化手段促进资本市场平稳发展；开展民营企业债券融资支持工具框架下的交易所债券市场信用保护合约业务；经中国证监会批准同意的其他业务。

截至2019年12月31日，中证金融全年为证券公司融资融券业务提供资金和证券累计达到1 901.79亿元。转融通余额837.88亿元，其中转融资余额721.71亿元，转融券余额116.17亿元。开展融资融券业务的证券公司共93家，投资者数量516.71万人，沪深市场标的证券为1 738只，融资融券余额10 192.07亿元。

联系电话：010-63211666
传真：010-63211601
电子邮件：csf@csf.com.cn
网址：www.csf.com.cn
地址：北京市西城区丰盛胡同28号太平洋保险大厦B座15层（100032）

中国期货市场监控中心有限责任公司

中国期货市场监控中心有限责任公司（期货市场监控中心）是经国务院同意，中国证监会决定设立，于2006年3月成立的非营利性公司制法人。其股东单位有上海期货交易所、中国金融期货交易所、郑州商品交易所以及大连商品交易所，注册资本13.65亿元。

中国期货市场监控中心的业务接受中国证监会的指导、监督和管理。

现有主要职能包括：期货市场统一开户；期货保证金安全监控；为期货投资者提供交易结算信息查询；期货市场运行监测监控；宏观和产业分析研究；期货中介机构监测监控；场外衍生品报告库；代管期货投资者保障基金；商品及其他指数的编制、发布；为监管机构和期货交易所等提供信息服务；期货市场调查；协助风险公司处置。

截至2019年底，中国期货市场共上市交易64个期货品种，14个期货期权品种。2019年全年共成交39.22亿手，成交金额290.59万亿元。中国商品期货指数同比上涨15.11%，中国大宗商品综合指数同比上涨10.95%，中国农产品期货指数同比上涨9.67%，中国工业品期货指数同比上涨13.63%。

联系电话：010–66555088
传真：010–66555038
电子邮件：cfmmc@cfmmc.com
网址：www.cfmmc.com，www.cfmmc.cn
地址：北京市西城区金融大街5号新盛大厦B座17层（100033）

中证资本市场运行统计监测中心有限责任公司

中证资本市场运行统计监测中心有限责任公司（中证监测）成立于2012年9月12日，是由中国证监会直接管理的专业机构，是中国证监会的基础设施，为监管工作和稽查执法提供支撑。

中证监测主要职能包括：提供资本市场运行统计监测服务；对证券期货交易结算进行监测并提供相关支持服务；建设、运行、维护资本市场运行统计监测系统；评估证券期货市场系统性风险状况，配合处置风险事件；数据加工处理；统计咨询、统计调查与市场调查；证券市场分析与咨询；资本市场系统性风险监测；中央监管信息平台相关系统的建设和运维；中央监控系统建设和运维；违法违规线索发现；跨境、跨市场实时监测监控；宏观分析、政策评估、舆情监测；经证监会依法批准的其他业务。

联系电话：010–63889092
传真：010–63889062
电子邮件：cmsmc@cmsmc.cn
网址：www.cmsmc.cn
地址：北京市西城区金融大街26号金阳大厦四楼南区（100033）

全国中小企业股份转让系统有限责任公司

全国中小企业股份转让系统（全国股转系统）是经国务院批准，依据证券法设立的第三家全国性证券交易场所。全国中小企业股份转让系统有限责任公司（全国股转公司）为其运营管理机构，于2012年9月20日在国家工商总局注册，2013年1月16日正式揭牌运营，注册资本30亿元，归属中国证监会直接管理。

全国股转公司主要职能包括：提供证券交易的技术系统和设施；制定和修改全国股转系统业务规则；接受并审查股票挂牌及其他相关业务申请，安排符合条件的公司股票挂牌；组织、监督证券交易及相关活动；对挂牌公司及其他信息披露义务人进行监管；对主办券商等全国股转系统参与人进行监管；管理和公布全国股转系统相关信息；中国证监会批准的其他职能。

截至2019年12月31日，全国股转系统挂牌公司8 953家，其中创新层挂牌公司667家，基础层挂牌公司8 286家；总市值2.94万亿元；总股本5 616.29亿股，流通股本3 365.26亿股。2019年，成交量为220.20亿股，成交金额825.69亿元，挂牌公司完成637次股票发行，募集资金264.63亿元。

联系电话：010–63884539
传真：010–63889634
电子邮件：info@neeq.com.cn
网址：www.neeq.com.cn
地址：北京市西城区金融大街丁26号金阳大厦（100033）

中国证券业协会

中国证券业协会（证券业协会）成立于1991年8月28日，是依据《证券法》和《社会团体登记管理条例》有关规定设立的证券业自律性组织，属于非营利性社会团体法人，接受中国证监会和国家民政部的业务指导和监督管理。

证券业协会的主要职责包括：教育和组织会员及其从业人员遵守证券法律、行政法规，组织开展证券行业诚信建设，督促证券行业履行社会责任；依法维护会员的合法权益，向中国证监会反映会员的建议和要求；督促会员开展投资者教育和保护活动，维护投资者合法权益；制定和实施证券行业自律规则，监督、检查会员及其从业人员行为，对违反法律、行政法规、自律规则或者协会章程的，按照规定给予纪律处分或者实施其他自律管理措施；制定证券行业业务规范，组织从业人员的业务培训；组织会员就证券行业的发展、运作及有关内容进行研究，收集整理、发布证券相关信息，提供会员服务，组织行业交流，引导行业创新发展；对会员之间、会员与客户之间发生的证券业务纠纷进行调解；依据行政法规、中国证监会有关要求行使的职责；协会章程规定的其他职责。

截至2019年底，证券业协会共有会员459家，观察员722家。其中，会员包括：法定会员（证券公司）132家，普通会员（证券投资咨询公司、资信评级机构等）248家，特别会员（地方证券业协会等）79家。

联系电话：010－66575800
传真：010－66575827
电子邮件：bgs@sac.net.cn
网址：www.sac.net.cn
地址：北京市西城区金融大街19号富凯大厦B座二层（100033）

中国期货业协会

中国期货业协会（期货业协会）成立于2000年12月29日，是根据《社会团体登记管理条例》和《期货交易管理条例》成立的全国期货业自律性组织，为非营利性社会团体法人，接受业务主管单位中国证监会和社团登记管理机关国家民政部的业务指导和监督管理。

期货业协会以“自律、服务、传导”为基本宗旨，主要职责包括：在国家对期货业实行集中统一监督管理的前提下，进行期货业自律管理；发挥政府与期货业间的桥梁和纽带作用，为会员服务，维护会员的合法权益；坚持期货市场的公开、公平、公正，维护期货业的正当竞争秩序，保护投资者的合法权益，推动期货市场的规范发展。

截至2019年底，期货业协会共有会员412家，其中，普通会员332家（期货公司、证券公司、资产管理公司、风险管理公司等），特别会员5家（期货交易所、中国期货市场监控中心），联系会员75家（地方协会等）。

联系电话：010–88086628
传真：010–88087060
电子邮件：cfa@cfachina.org
网址：www.cfachina.org
地址：北京市西城区金融大街33号通泰大厦C座8层（100140）

中国上市公司协会

中国上市公司协会（上市公司协会）成立于2012年2月15日，依据《中华人民共和国证券法》和《社会团体登记管理条例》等相关规定成立，由上市公司及相关机构组成的全国性自律组织，属于会员制、非营利性的社会团体法人。中国证监会为其业务主管单位。

上市公司协会根据《中国共产党章程》的规定，设立中国共产党的组织，开展党的活动，并为党组织的活动提供必要条件，发挥党组织的政治核心作用，保障纪委发挥监督作用。

上市公司协会的宗旨是：遵守宪法、法律、法规及党和国家的方针政策，践行社会主义核心价值观，遵守社会道德风尚；遵循资本市场公开、公平、公正原则；恪守“服务、自律、规范、提高”的基本职责，践行服务理念，维护会员合法权益，促进提高上市公司质量，进而促进资本市场体系的完善和成熟；引导上市公司遵守公司、证券法律法规、部门规章和规范性文件，规范运作，自觉履行社会责任；倡导积极健康的股权文化和诚信文化；推动上市公司持续健康发展，增强核心竞争力和国际影响力，成为党领导下紧密联系上市公司及资本市场的新型社会组织。

截至2019年底，上市公司协会共有注册会员2 229家，其中，普通会员2 176家，联系会员18家，团体会员35家。

联系电话：010–88009677（办公室）；
010–88009680（会员服务）
传真：010–88009684/88009694
电子邮件：office@capco.org.cn；pr@capco.org.cn
网址：www.capco.org.cn
地址：北京市西城区金融大街33号通泰大厦C座3层（100033）

中国证券投资基金业协会

中国证券投资基金业协会（基金业协会）成立于2012年6月6日，是依据《中华人民共和国证券投资基金法》和《社会团体登记管理条例》，经国务院批准，在国家民政部登记的社会团体法人，是证券投资基金行业的自律性组织，接受中国证监会和国家民政部的业务指导和监督管理。根据《中华人民共和国证券投资基金法》，基金管理人、基金托管人应当加入协会，基金服务机构可以加入协会。

协会主要职责包括：教育和组织会员遵守有关证券投资的法律、行政法规，维护投资人合法权益；依法维护会员的合法权益，反映会员的建议和要求；制定和实施行业自律规则，监督、检查会员及其从业人员的执业行为，对违反自律规则和协会章程的，按照规定给予纪律处分；制定行业执业标准和业务规范，组织基金从业人员的从业考试、资质管理和业务培训；提供会员服务，组织行业交流，推动行业创新，开展行业宣传和投资人教育活动；对会员之间、会员与客户之间发生的基金业务纠纷进行调解；依法办理非公开募集基金的登记、备案；协会章程规定的其他职责。

截至2019年12月31日，基金业协会共有会员4 419家，其中普通会员629家，联席会员308家，观察会员3 356家，特别会员126家。

截至2019年12月31日，基金业协会自律管理范围下的行业资产规模约51.79万亿元[①]，公募基金14.77万亿元；私募基金13.74万亿元；持牌机构私募资管计划19.51万亿元，其中证券公司资管计划规模10.83万亿元[②]，基金公司及其子公司资管计划规模8.53万亿元，期货公司资管计划规模1 429亿元；养老金2.41万亿元；资产支持专项计划1.56万亿元。

① 合计过程从私募基金中剔除了顾问管理类与持牌机构资管计划重复的部分。

② 含大集合及私募子公司直投基金规模。

联系电话：010－66578250
传真：010－66578256
电子邮件：amac@amac.org.cn
网址：www.amac.org.cn
地址：北京市西城区金融街20号交通银行大厦B座9层（100033）

中证金融研究院

中证金融研究院（研究院）前身为北京证券期货研究院，成立于2012年6月，是中国证监会直接管理的政策研究机构。研究院定位为决策支持中心、战略智库和理论学术基地，负责资本市场长期性、前瞻性、全局性和规律性问题的研究。

中证金融研究院主要职责包括：研究宏观经济和金融市场运行动态；研究拟订资本市场中长期战略规划；对资本市场法规、政策提供意见和建议；对资本市场运行质量、效率和潜在风险进行评估；对资本市场运行、发展与监管中的理论和实践问题进行专项研究；为中国证监会各部门、各单位工作中的重大事件和重要工作提供专题咨询等；协调证券期货监管系统内的研究工作；承担中国证监会博士后工作站日常管理；中国证监会交办的其他工作。

联系电话：010—85578300
传真：010—56088548
电子邮箱：contact@cifcm.com
网址：www.cifcm.com
地址：北京市西城区金融大街26号金阳大厦8层（100033）

中证信息技术服务有限责任公司

中证信息技术服务有限责任公司（中证信息）成立于2013年11月8日，是中国证监会直接管理专事信息技术服务的机构。

中证信息的主要职责是为资本市场提供基础性信息与技术服务，包括：电子化信息披露服务、证联网运行管理、监管信息系统建设与运维、信息安全服务、行业编码和标准服务、会管单位信息技术采购服务、行业技术研究和交流、行业数据中心管理等。

联系电话：010—83141900
传真：010—83141991
电子邮箱：zbs@csits.org.cn
地址：北京市西城区金融大街4号金益大厦3层（100033）

中证中小投资者服务中心有限责任公司

中证中小投资者服务中心有限责任公司（投服中心）是于2014年12月成立的证券金融类公益机构，归属中国证监会直接管理。

投服中心的主要职责包括：面向投资者开展公益性宣传和教育；公益性持有证券等品种，以股东身份或证券持有人身份行权；受投资者委托，提供调解等纠纷解决服务；为投资者提供公益性诉讼支持及其相关工作；中国投资者网站的建设、管理和运行维护；调查、监测投资者意愿和诉求，开展战略研究与规划；代表投资者，向政府机构、监管部门反映诉求；中国证监会委托的其他业务。

截至2019年12月底，投服中心持有沪深交易所3 754只上市公司股票（含科创板公司），累计行使股东权利3 303次。受理各类证券期货纠纷8 938件，调解成功6 150件，纠纷和解获赔金额20.56亿元人民币，全面推行小额速调等多元化解纠纷机制。提起24起支持诉讼，19起正式立案，向侵权责任主体索赔金额约1.14亿元，为全国首例示范判决案件提供损失核定支持，《股东来了》投资者权益知识竞赛反响强烈，成为资本市场参与人数最多、普及面最广的活动，成功举办两届投服论坛，安全运维中国投资者网站，累计发布信息42 653篇，访客数（UV）34.82万人，访问量（PV）117.84万次。

联系电话：021–50187501
传真：021–50496325
电子邮件：tfzx@isc.com.cn
地址：上海市浦东新区迎春路555号B座（200135）

资本市场学院

资本市场学院（学院）成立于2012年12月3日，是由中国证监会和深圳市政府联合举办的非营利性教育培训机构。

学院主要职能包括：资本市场专业培训和职业教育；资本市场应用型研究；资本市场监管系统培训支持服务；境内外培训交流合作；其他与资本市场培训相关的业务。

2019年，学院紧紧围绕中国资本市场稳定发展和改革开放的需要，累计举办各类培训班155场，开设的重点培训项目和课程涵盖资本市场领军人才、上市公司财务会计、资本运营与并购重组、金融衍生品及风险管理、金融科技、市场监管、地方金融领军人才、资本市场与区域经济发展、财经媒体等多个领域。参训学员达26 000余人次，培训对象覆盖证监会系统、各类市场主体、地方政府及境外市场，基本实现了对资本市场主要参与主体的全覆盖。

联系电话：0755–26650859
传真：0755–26650835
电子邮件：ccmi@ccmi.edu.cn
网址：www.ccmi.edu.cn
地址：广东省深圳市南山区沁园二路2号（518055）

附表

附表1

中国证券期货市场主要统计数据（2009-2019年）

指标	单位	2009年	2010年	2011年	2012年	2013年	2014年	2015年	2016年	2017年	2018年	2019年
境内上市公司数（A、B股）	家	1 718	2 063	2 342	2 494	2 489	2 613	2 827	3 052	3 485	3 584	3 777
境内上市外资股（B股）	家	108	108	108	107	106	104	101	100	100	99	97
股票总发行股本（A、B股）	亿股	20 606.26	26 984.49	29 745.11	31 833.62	33 822.04	36 795.1	43 024.14	48 750.29	53 746.67	57 581.02	61 739.79
流通股本（A、B股）	亿股	14 200.19	19 442.15	22 499.86	24 778.22	29 997.12	32 289.25	37 043.37	41 136.05	45 044.87	49 047.56	52 488.06
股票市价总值（A、B股）	亿元	244 103.91	265 422.59	214 758.09	230 357.62	239 077.19	372 546.96	531 462.7	507 685.88	567 086.08	434 924.02	593 074.53
股票流通市值（A、B股）	亿元	151 342.07	193 110.41	164 921.30	181 658.26	199 579.54	315 624.31	417 880.76	393 401.68	449 298.15	353 794.19	483 327.19
股票成交金额	亿元	535 986.77	545 633.54	421 644.58	314 583.27	468 728.61	742 385.26	2 550 541.31	1 277 680.32	1 124 625.11	901 739.39	1 274 158.91
上证综合指数（收盘）	点	3 277.13	2 808.07	2 199.42	2 269.13	2 115.98	3 234.68	3 539.18	3 103.64	3 307.17	2 493.90	3 050.12
深证综合指数（收盘）	点	1 201.34	1 290.86	866.65	881.17	1 057.67	1 415.19	2 308.91	1 969.11	1 899.34	1 267.87	1 722.95
交易所债券现券成交额	亿元	4 698.08	5 847.54	6 843.93	9 882.53	17 411.83	28 191.38	34 464.32	53 294.20	55 441.79	59 286.81	83 530.20
证券投资基金只数	只	547	704	914	1 173	1 551	1 899	2 723	3 873	4 848	5 792	6 111
证券投资基金规模	亿份	23 518.55	23 955.33	26 510.37	31 708.41	31 167.18	42 032.72	76 674.13	88 428.32	110 182.12	128 966.33	136 937.42
证券投资基金成交金额	亿元	10 340.02	8 996.44	6 365.81	8 123.61	14 785.47	47 230.89	152 684.59	111 444.32	98 051.89	102 704.60	91 679.37
期货总成交量	万手	107 871.49	156 676.46	105 408.87	145 046.24	206 177.33	250 585.57	357 791.06	413 776.83	307 102.17	301 069.67	392 156.68
期货总成交额	亿元	652 553.80	1 134 883.54	937 475.68	952 824.54	1 264 673.31	1 279 712.53	1 364 707.05	1 774 124.99	1 633 003.86	2 108 057.48	2 904 004.59

附表2 证券公司一览表

序号	公司名称	年度评级	外资参股情况		是否在中国香港地区设立分支机构
			境外股东名称	出资比例	
1	爱建证券有限责任公司	B			否
2	安信证券股份有限公司	BBB			是
3	北京高华证券有限责任公司	A			否
4	渤海证券股份有限公司	A			否
5	财达证券股份有限公司	BBB			否
6	财富证券有限责任公司	BBB			否
7	财通证券股份有限公司	A			是
8	财通证券资产管理有限公司	A			否
9	长城国瑞证券有限公司	BBB			否
10	长城证券股份有限公司	BBB			否
11	长江证券（上海）资产管理有限公司	CCC			否
12	长江证券承销保荐有限公司	CCC			否
13	长江证券股份有限公司	CCC			是
14	网信证券有限责任公司	D			否
15	川财证券有限责任公司	B			否
16	大通证券股份有限公司	BBB			否
17	大同证券有限责任公司	CCC			否
18	德邦证券股份有限公司	BBB			否
19	第一创业证券承销保荐有限责任公司	BB			否
20	第一创业证券股份有限公司	BB			否
21	东北证券股份有限公司	A			否
22	东方花旗证券有限公司	A	花旗环球金融亚洲有限公司	33.30%	否
23	东方证券股份有限公司	A			是
24	东海证券股份有限公司	BB			是
25	东莞证券股份有限公司	B			否
26	东吴证券股份有限公司	A			是
27	东兴证券股份有限公司	A			是

续表

序号	公司名称	年度评级	外资参股情况		是否在中国香港地区设立分支机构
			境外股东名称	出资比例	
28	方正证券股份有限公司	A			是
29	高盛高华证券有限责任公司	A	高盛（亚洲）有限公司	33.30%	否
30	光大证券股份有限公司	A	中国光大控股有限公司	23.30%	是
31	广发证券股份有限公司	BBB			是
32	广发证券资产管理（广东）有限公司	BBB			否
33	广州证券股份有限公司	BBB			否
34	国都证券股份有限公司	BB			是
35	国海证券股份有限公司	BBB			否
36	国金证券股份有限公司	A			是
37	国开证券股份有限公司	A			否
38	国联证券股份有限公司	A			否
39	国盛证券有限责任公司	BB			否
40	国泰君安证券股份有限公司	AA			是
41	国信证券股份有限公司	AA			是
42	国元证券股份有限公司	A			是
43	中天国富证券有限公司	A			否
44	海通证券股份有限公司	AA			是
45	恒泰长财证券有限责任公司	CCC			否
46	恒泰证券股份有限公司	CCC			否
47	红塔证券股份有限公司	BBB			否
48	宏信证券有限责任公司	B			否
49	华安证券股份有限公司	A			否
50	华宝证券有限责任公司	BBB			否
51	华创证券有限责任公司	A			否
52	华福证券有限责任公司	BBB			否
53	华金证券股份有限公司	BBB			否
54	华林证券有限责任公司	A			否
55	华龙证券股份有限公司	BBB			否
56	华融证券股份有限公司	BBB			否

续表

序号	公司名称	年度评级	外资参股情况		是否在中国香港地区设立分支机构
			境外股东名称	出资比例	
57	华泰联合证券有限责任公司	AA			是
58	华泰证券（上海）资产管理有限公司	AA			否
59	华泰证券股份有限公司	AA			否
60	华西证券股份有限公司	A			否
61	华鑫证券有限责任公司	BBB			否
62	华英证券有限责任公司	A			否
63	江海证券有限公司	BBB			否
64	金通证券有限责任公司	AA			否
65	金元证券股份有限公司	BBB			否
66	九州证券股份有限公司	CC			否
67	开源证券股份有限公司	BB			否
68	粤开证券股份有限公司	CCC			否
69	民生证券股份有限公司	BBB			否
70	摩根士丹利华鑫证券有限责任公司	BBB	摩根士丹利（亚洲）有限公司	49%	否
71	南京证券股份有限公司	A			否
72	平安证券股份有限公司	AA			是
73	中泰证券（上海）资产管理有限公司	A			否
74	中泰证券股份有限公司	A			是
75	国融证券股份有限公司	C			否
76	瑞信方正证券有限责任公司	A	瑞士信贷银行股份有限公司	33.30%	否
77	瑞银证券有限责任公司	BBB	瑞士银行有限公司	51%	否
78	山西证券股份有限公司	BBB			是
79	上海东方证券资产管理有限公司	A			否
80	上海光大证券资产管理有限公司	A			否
81	上海国泰君安证券资产管理有限公司	AA			否
82	上海海通证券资产管理有限公司	AA			否
83	上海华信证券有限责任公司	E			否

续表

序号	公司名称	年度评级	外资参股情况		是否在中国香港地区设立分支机构
			境外股东名称	出资比例	
84	上海证券有限责任公司	AA			否
85	申万宏源西部证券有限公司	A			否
86	申万宏源证券承销保荐有限责任公司	A			否
87	申万宏源证券有限公司	A			是
88	世纪证券有限责任公司	CCC			否
89	首创证券有限责任公司	BB			否
90	太平洋证券股份有限公司	B			否
91	天风证券股份有限公司	AA			是
92	万和证券股份有限公司	BBB			否
93	万联证券股份有限公司	BB			否
94	五矿证券有限公司	BBB			否
95	西部证券股份有限公司	B			否
96	西藏东方财富证券股份有限公司	A			否
97	西南证券股份有限公司	BB			是
98	湘财证券有限责任公司	A			否
99	新时代证券股份有限公司	CC			否
100	信达证券股份有限公司	A			否
101	兴业证券股份有限公司	A			是
102	兴证证券资产管理有限公司	A			否
103	银河金汇证券资产管理有限公司	A			否
104	银泰证券有限责任公司	BB			否
105	英大证券有限责任公司	B			否
106	招商证券股份有限公司	AA			否
107	招商证券资产管理有限公司	AA			是
108	浙江浙商证券资产管理有限公司	A			否
109	浙商证券股份有限公司	A			否
110	中德证券有限责任公司	BBB	德意志银行股份有限公司	33.30%	否

附表

续表

序号	公司名称	年度评级	外资参股情况		是否在中国香港地区设立分支机构
			境外股东名称	出资比例	
111	中国国际金融股份有限公司	AA	公众股东、Tencent Mobility Limited、新加坡政府投资公司、TPG Asia V Delaware, L.P.、名力集团控股有限公司、OppenheimerFunds, Inc.、JPMorgan Chase & Co.	41.21%	是
112	方正证券承销保荐有限责任公司	A			否
113	中国银河证券股份有限公司	A			是
114	中国中金财富证券有限公司	AA			是
115	中航证券有限公司	B			否
116	中山证券有限责任公司	BBB			否
117	中天证券股份有限公司	BB			否
118	中信建投证券股份有限公司	AA			是
119	中信证券（山东）有限责任公司	AA			否
120	中信证券股份有限公司	AA			是
121	中银国际证券股份有限公司	A	中银国际控股有限公司	37.14%	否
122	中邮证券有限责任公司	BBB			否
123	中原证券股份有限公司	BBB			是
124	联储证券有限责任公司	BB			否
125	国盛证券资产管理有限公司	BB			否
126	东证融汇证券资产管理有限公司	A			否
127	渤海汇金证券资产管理有限公司	A			否
128	申港证券股份有限公司	BBB	民信金控有限公司、民众证券有限公司、嘉泰新兴资本管理有限公司	34.85%	否
129	华菁证券有限公司	BB	万诚证券有限公司	48.82%	否
130	汇丰前海证券有限责任公司	B	香港上海汇丰银行有限公司	51%	否
131	东亚前海证券有限责任公司	B	东亚银行有限公司	49%	否

续表

序号	公司名称	年度评级	外资参股情况		是否在中国香港地区设立分支机构
			境外股东名称	出资比例	
132	野村东方国际证券有限公司	未参加评选	野村控股株式会社	51%	否
133	摩根大通证券（中国）有限公司	未参加评选	J.P. Morgan International Finance Limited	51%	否

附表

附表3 基金公司一览表

序号	公司名称	外资参股情况		是否在中国香港地区设立分支机构
		境外股东名称	出资比例	
1	国泰基金管理有限公司	意大利忠利集团	30%	是
2	南方基金管理股份有限公司			是
3	华夏基金管理有限公司	加拿大鲍尔公司 万信投资公司	27.8%	是
4	华安基金管理有限公司			是
5	博时基金管理有限公司			是
6	鹏华基金管理有限公司	意大利欧利盛资本资产管理股份公司	49%	否
7	长盛基金管理有限公司	新加坡星展银行有限公司	33%	是
8	嘉实基金管理有限公司	德意志资产管理（亚洲）公司	30%	是
9	大成基金管理有限公司			是
10	富国基金管理有限公司	加拿大蒙特利尔银行	27.775%	是
11	易方达基金管理有限公司			是
12	宝盈基金管理有限公司			否
13	融通基金管理有限公司	日兴资产管理公司	40%	是
14	银华基金管理股份有限公司			是
15	长城基金管理有限公司			否
16	银河基金管理有限公司			否
17	泰达宏利基金管理有限公司	宏利资产管理（香港）有限公司	49%	否
18	国投瑞银基金管理有限公司	瑞士银行股份有限公司	49%	是
19	万家基金管理有限公司			否
20	金鹰基金管理有限公司			否
21	招商基金管理有限公司			是
22	华宝基金管理有限公司	华平资产管理合伙	49%	是
23	摩根士丹利华鑫基金管理有限公司	摩根士丹利国际控股公司	37.36%	否
24	国联安基金管理有限公司	德国安联集团	49%	否
25	海富通基金管理有限公司	法国巴黎投资管理 BE 控股公司	49%	是
26	长信基金管理有限责任公司			否

续表

序号	公司名称	外资参股情况		是否在中国香港地区设立分支机构
		境外股东名称	出资比例	
27	泰信基金管理有限公司			否
28	天治基金管理有限公司			否
29	景顺长城基金管理有限公司	美国景顺资产管理公司	49%	否
30	广发基金管理有限公司			是
31	兴全基金管理有限公司	荷兰全球人寿保险国际公司	49%	否
32	诺安基金管理有限公司			是
33	申万菱信基金管理有限公司	三菱 UFJ 信托银行株式会社	33%	否
34	中海基金管理有限公司	法国爱德蒙得洛希尔银行股份有限公司	25%	否
35	光大保德信基金管理有限公司	保德信投资管理有限公司	45%	否
36	华富基金管理有限公司			否
37	上投摩根基金管理有限公司	摩根富林明资产管理有限公司	49%	是
38	东方基金管理有限责任公司			否
39	中银基金管理有限公司	贝莱德投资管理（英国）有限公司	16.5%	否
40	东吴基金管理有限公司			否
41	国海富兰克林基金管理有限公司	美国坦伯顿国际股份有限公司	49%	否
42	天弘基金管理有限公司			否
43	华泰柏瑞基金管理有限公司	柏瑞投资有限责任公司	49%	否
44	新华基金管理股份有限公司			否
45	汇添富基金管理有限公司			是
46	工银瑞信基金管理有限公司	瑞士信贷银行股份有限公司	20%	是
47	交银施罗德基金管理有限公司	施罗德投资管理公司	30%	是
48	中信保诚基金管理有限公司	英国保诚集团股份有限公司	49%	否
49	建信基金管理有限责任公司	美国信安金融服务公司	25%	否
50	华商基金管理有限公司			否
51	汇丰晋信基金管理有限公司	汇丰环球投资管理（英国）有限公司	49%	否
52	益民基金管理有限公司			否
53	中邮创业基金管理股份有限公司	三井住友银行股份有限公司	24%	是
54	信达澳银基金管理有限公司	康联首域集团有限公司	46%	否
55	诺德基金管理有限公司			否

续表

序号	公司名称	外资参股情况		是否在中国香港地区设立分支机构
		境外股东名称	出资比例	
56	中欧基金管理有限公司	意大利意联银行股份合作公司	25%	是
57	金元顺安基金管理有限公司			否
58	浦银安盛基金管理有限公司	法国安盛投资管理公司	39%	否
59	农银汇理基金管理有限公司	东方汇理资产管理公司	33.33%	否
60	民生加银基金管理有限公司	加拿大皇家银行	30%	否
61	西部利得基金管理有限公司			否
62	浙商基金管理有限公司			否
63	平安基金管理有限公司	大华资产管理有限公司	25%	否
64	富安达基金管理有限公司			否
65	财通基金管理有限公司			否
66	方正富邦基金管理有限公司	富邦证券投资信托股份有限公司	33.33%	否
67	长安基金管理有限公司			否
68	国金基金管理有限公司			否
69	安信基金管理有限责任公司			否
70	德邦基金管理有限公司			否
71	华宸未来基金管理有限公司	未来资产基金管理公司	25%	否
72	红塔红土基金管理有限公司			否
73	英大基金管理有限公司			否
74	江信基金管理有限公司			否
75	太平基金管理有限公司	安石投资管理有限公司	8.5%	否
76	华润元大基金管理有限公司	元大宝来证券投资信托股份有限公司	49%	否
77	前海开源基金管理有限公司			否
78	东海基金管理有限责任公司			否
79	中加基金管理有限公司	加拿大丰业银行	33%	是
80	兴业基金管理有限公司			否
81	中融基金管理有限公司			否
82	国开泰富基金管理有限责任公司	国泰证券投资信托股份有限公司	33.3%	否
83	中信建投基金管理有限公司			否
84	上银基金管理有限公司			否
85	鑫元基金管理有限公司			否

续表

序号	公司名称	外资参股情况		是否在中国香港地区设立分支机构
		境外股东名称	出资比例	
86	永赢基金管理有限公司	利安资金管理公司	28.51%	否
87	兴银基金管理有限责任公司			否
88	国寿安保基金管理有限公司	安保资本投资有限公司	14.97%	否
89	圆信永丰基金管理有限公司	永丰证券投资信托股份有限公司	49%	否
90	中金基金管理有限公司			否
91	北信瑞丰基金管理有限公司			否
92	红土创新基金管理有限公司			否
93	嘉合基金管理有限公司			否
94	创金合信基金管理有限公司			否
95	九泰基金管理有限公司			否
96	泓德基金管理有限公司			否
97	金信基金管理有限公司			否
98	新疆前海联合基金管理有限公司			否
99	新沃基金管理有限公司			否
100	中科沃土基金管理有限公司			否
101	富荣基金管理有限公司			否
102	汇安基金管理有限责任公司			否
103	先锋基金管理有限公司			否
104	中航基金管理有限公司			否
105	华泰保兴基金管理有限公司			否
106	鹏扬基金管理有限公司			否
107	恒生前海基金管理有限公司	恒生银行有限公司	70%	否
108	格林基金管理有限公司			否
109	南华基金管理有限公司			否
110	凯石基金管理有限公司			否
111	国融基金管理有限公司			否
112	东方阿尔法基金管理有限公司			否
113	恒越基金管理有限公司			否
114	弘毅远方基金管理有限公司			否
115	合煦智远基金管理有限公司			否

续表

序号	公司名称	外资参股情况		是否在中国香港地区设立分支机构
		境外股东名称	出资比例	
116	博道基金管理有限公司			否
117	蜂巢基金管理有限公司			否
118	中庚基金管理有限公司			否
119	湘财基金管理有限公司			否
120	睿远基金管理有限公司			否
121	朱雀基金管理有限公司			否
122	淳厚基金管理有限公司			否
123	同泰基金管理有限公司			否
124	惠升基金管理有限责任公司			否
125	西藏东财基金管理有限公司			否
126	博远基金管理有限公司			否
127	华融基金管理有限公司			否
128	明亚基金管理有限责任公司			否

附表4　期货公司一览表

序号	名称	年度评级	外资参股情况		是否在中国香港地区设立分支机构
			境外股东名称	出资比例	
1	安粮期货股份有限公司	BBB			否
2	宝城期货有限责任公司	BBB			否
3	北京首创期货有限责任公司	BBB			否
4	倍特期货有限公司	BBB			否
5	渤海期货股份有限公司	A			否
6	财达期货有限公司	BB			否
7	长安期货有限公司	BB			否
8	长城期货股份有限公司	BB			否
9	长江期货股份有限公司	A			否
10	创元期货股份有限公司	BBB			否
11	大地期货有限公司	BBB			是
12	大连良运期货经纪有限公司	B			否
13	大通期货经纪有限公司	D			否
14	大有期货有限公司	BBB			否
15	大越期货股份有限公司	B			否
16	道通期货经纪有限公司	BB			否
17	德盛期货有限公司	B			否
18	第一创业期货有限责任公司	B			否
19	东方汇金期货有限公司	D			否
20	东海期货有限责任公司	A			否
21	东航期货有限责任公司	A			否
22	东吴期货有限公司	BB			否
23	东兴期货有限责任公司	BBB			否
24	方正中期期货有限公司	AA			否
25	福能期货股份有限公司	BB			否
26	格林大华期货有限公司	A			否
27	冠通期货股份有限公司	BB			否

续表

序号	名称	年度评级	外资参股情况		是否在中国香港地区设立分支机构
			境外股东名称	出资比例	
28	光大期货有限公司	AA			否
29	广发期货有限公司	AA			是
30	广州金控期货有限公司	BB			否
31	广州期货股份有限公司	BBB			否
32	国都期货有限公司	BB			否
33	国富期货有限公司	CC			否
34	国海良时期货有限公司	A			否
35	国金期货有限责任公司	BBB			否
36	国联期货股份有限公司	BBB			否
37	国贸期货有限公司	BBB			是
38	国盛期货有限责任公司	CCC			否
39	国泰君安期货有限公司	AA			否
40	国投安信期货有限公司	AA			否
41	国信期货有限责任公司	A			否
42	国元期货有限公司	BBB			否
43	海航期货股份有限公司	BBB			否
44	海通期货股份有限公司	AA			是
45	海证期货有限公司	BB			否
46	和合期货有限公司	D			否
47	和融期货有限责任公司	B			否
48	河北恒银期货经纪有限公司	B			否
49	恒泰期货股份有限公司	BB			否
50	弘业期货股份有限公司	A			是
51	红塔期货有限责任公司	BBB			否
52	宏源期货有限公司	A			否
53	华安期货有限责任公司	BBB			否
54	华创期货有限责任公司	BBB			否
55	华金期货有限公司	BB			否
56	华联期货有限公司	BBB			否

续表

序号	名称	年度评级	外资参股情况		是否在中国香港地区设立分支机构
			境外股东名称	出资比例	
57	华龙期货股份有限公司	BBB			否
58	华融期货有限责任公司	B			否
59	华泰期货有限公司	AA			是
60	华闻期货有限公司	BB			否
61	华西期货有限责任公司	BBB			否
62	华鑫期货有限公司	CCC			否
63	华信期货股份有限公司	A			否
64	徽商期货有限责任公司	BBB			是
65	混沌天成期货股份有限公司	BBB			是
66	建信期货有限责任公司	BBB			否
67	江海汇鑫期货有限公司	B			否
68	江苏东华期货有限公司	B			否
69	江西瑞奇期货有限公司	BB			否
70	金鹏期货经纪有限公司	BB			否
71	金瑞期货股份有限公司	CC			是
72	金石期货有限公司	BB			否
73	金信期货有限公司	CCC			否
74	金元期货股份有限公司	BB			否
75	津投期货经纪有限公司	B			否
76	锦泰期货有限公司	BBB			否
77	九州期货有限公司	B			否
78	鲁证期货股份有限公司	B			是
79	迈科期货股份有限公司	CCC			否
80	美尔雅期货有限公司	B			否
81	民生期货有限公司	BBB			否
82	摩根大通期货有限公司	A	摩根大通经纪（香港）有限公司	49%	否
83	南华期货股份有限公司	AA			是
84	宁证期货有限责任公司	BB			否
85	平安期货有限公司	A			否

续表

序号	名称	年度评级	外资参股情况		是否在中国香港地区设立分支机构
			境外股东名称	出资比例	
86	前海期货有限公司	B			否
87	乾坤期货有限公司	B			否
88	瑞达期货股份有限公司	A			是
89	瑞银期货有限责任公司	CCC			否
90	山金期货有限公司	BB			否
91	山西三立期货经纪有限公司	B			否
92	上海大陆期货有限公司	BBB			否
93	上海东方财富期货有限公司	BB			否
94	上海东方期货经纪有限责任公司	CCC			否
95	上海东亚期货有限公司	B			否
96	上海东证期货有限公司	A			否
97	上海浙石期货经纪有限公司	BB			否
98	上海中期期货股份有限公司	A			否
99	申银万国期货有限公司	AA			否
100	深圳金汇期货经纪有限公司	D			否
101	先锋期货有限公司	B			否
102	神华期货有限公司	B			否
103	晟鑫期货经纪有限公司	B			否
104	盛达期货有限公司	BB			否
105	首创京都期货有限公司	CC			否
106	天风期货股份有限公司	A			否
107	天富期货有限公司	CCC			否
108	天鸿期货经纪有限公司	B			否
109	通惠期货有限公司	B			否
110	铜冠金源期货有限公司	BBB			否
111	五矿经易期货有限公司	A			是
112	西部期货有限公司	BB			否
113	西南期货有限公司	BBB			否
114	新湖期货有限公司	A			是

续表

序号	名称	年度评级	外资参股情况		是否在中国香港地区设立分支机构
			境外股东名称	出资比例	
115	新纪元期货股份有限公司	D			否
116	云财富期货有限公司	B			否
117	新晟期货有限公司	B			否
118	鑫鼎盛期货有限公司	BB			否
119	信达期货有限公司	BBB			否
120	兴业期货有限公司	BBB			否
121	兴证期货有限公司	A			否
122	一德期货有限公司	BB			否
123	银河期货有限公司	AA	苏皇金融期货亚洲有限公司	16.68%	否
124	英大期货有限公司	BBB			否
125	永安期货股份有限公司	AA			是
126	永商期货有限公司	B			否
127	云晨期货有限责任公司	BB			否
128	招金期货有限公司	BB			否
129	招商期货有限公司	A			否
130	浙江新世纪期货有限公司	BB			否
131	浙商期货有限公司	AA			是
132	中财期货有限公司	BBB			否
133	中大期货有限公司	D			是
134	中电投先融期货股份有限公司	C			否
135	中钢期货有限公司	BBB			否
136	中国国际期货股份有限公司	A			是
137	中航期货有限公司	CCC			否
138	中辉期货有限公司	C			否
139	中金期货有限公司	A			否
140	中粮期货有限公司	AA			是
141	中融汇信期货有限公司	BBB			否
142	中天期货有限责任公司	B			否
143	中投天琪期货有限公司	D			否

续表

序号	名称	年度评级	外资参股情况		是否在中国香港地区设立分支机构
			境外股东名称	出资比例	
144	中信建投期货有限公司	A			否
145	中信期货有限公司	AA			是
146	中衍期货有限公司	CC			否
147	中银国际期货有限责任公司	BBB			否
148	中原期货股份有限公司	BB			否
149	中州期货有限公司	BB			否

附表5　合格境外机构投资者一览表

序号	中文全称	国别 / 地区	境内托管银行	资格批准时间
1	瑞士银行	瑞士	花旗银行	2003/5/23
2	野村证券株式会社	日本	农业银行	2003/5/23
3	摩根士丹利国际股份有限公司	英国	汇丰银行	2003/6/5
4	花旗环球金融有限公司	英国	德意志银行	2003/6/5
5	高盛公司	美国	汇丰银行	2003/7/4
6	德意志银行	德国	花旗银行	2003/7/30
7	香港上海汇丰银行有限公司	中国香港	建设银行	2003/8/4
8	摩根大通银行	美国	汇丰银行	2003/9/30
9	瑞士信贷（香港）有限公司	中国香港	工商银行	2003/10/24
10	渣打银行（香港）有限公司	中国香港	中国银行	2003/12/11
11	日兴资产管理有限公司	日本	交通银行	2003/12/11
12	美林国际	英国	汇丰银行	2004/4/30
13	恒生银行有限公司	中国香港	建设银行	2004/5/10
14	大和证券株式会社	日本	汇丰银行	2004/5/10
15	比尔及梅林达盖茨信托基金会	美国	中国银行	2004/7/19
16	景顺资产管理有限公司	英国	汇丰银行	2004/8/4
17	法国兴业银行	法国	渣打银行	2004/9/2
18	巴克莱银行	英国	工商银行	2004/9/15
19	德国商业银行	德国	工商银行	2004/9/27
20	法国巴黎银行	法国	建设银行	2004/9/29
21	加拿大鲍尔公司	加拿大	汇丰银行	2004/10/15
22	东方汇理银行	法国	汇丰银行	2004/10/15
23	高盛国际资产管理公司	英国	花旗银行	2005/5/9
24	马丁可利投资管理有限公司	英国	渣打银行	2005/10/25
25	新加坡政府投资有限公司	新加坡	中国银行	2005/10/25
26	柏瑞投资有限责任公司	美国	汇丰银行	2005/11/14
27	淡马锡富敦投资有限公司	新加坡	建设银行	2005/11/15
28	JF 资产管理有限公司	中国香港	中国银行	2005/12/28
29	日本第一生命保险株式会社	口本	农业银行	2005/12/28

续表

序号	中文全称	国别 / 地区	境内托管银行	资格批准时间
30	星展银行有限公司	新加坡	建设银行	2006/2/13
31	安保资本投资有限公司	澳大利亚	中国银行	2006/4/10
32	加拿大丰业银行	加拿大	花旗银行	2006/4/10
33	比联金融产品英国有限公司	英国	汇丰银行	2006/4/10
34	爱德蒙得洛希尔（法国）	法国	汇丰银行	2006/4/10
35	耶鲁大学	美国	农业银行	2006/4/14
36	摩根士丹利投资管理公司	美国	汇丰银行	2006/7/7
37	瀚亚投资（香港）有限公司	中国香港	工商银行	2006/7/7
38	斯坦福大学	美国	交通银行	2006/8/5
39	大华银行有限公司	新加坡	交通银行	2006/8/5
40	施罗德投资管理有限公司	英国	建设银行	2006/8/29
41	汇丰环球投资管理（香港）有限公司	中国香港	花旗银行	2006/9/5
42	瑞穗证券株式会社	日本	汇丰银行	2006/9/5
43	瑞银资产管理（新加坡）有限公司	新加坡	汇丰银行	2006/9/25
44	三井住友德思资产管理株式会社	日本	花旗银行	2006/9/25
45	挪威中央银行	挪威	渣打银行	2006/10/24
46	百达资产管理有限公司	英国	汇丰银行	2006/10/25
47	哥伦比亚大学	美国	工商银行	2008/3/12
48	荷宝基金管理公司	荷兰	工商银行	2008/5/5
49	道富环球投资管理亚洲有限公司	中国香港	工商银行	2008/5/16
50	铂金投资管理有限公司	澳大利亚	汇丰银行	2008/6/2
51	比利时联合资产管理有限公司	比利时	工商银行	2008/6/2
52	未来资产基金管理公司	韩国	中国银行	2008/7/25
53	安达国际控股有限公司	美国	汇丰银行	2008/8/5
54	魁北克储蓄投资集团	加拿大	建设银行	2008/8/22
55	哈佛大学	美国	花旗银行	2008/8/22
56	三星资产运用株式会社	韩国	中国银行	2008/8/25
57	联博有限公司	英国	花旗银行	2008/8/28
58	华侨银行有限公司	新加坡	汇丰银行	2008/8/28
59	首域投资管理（英国）有限公司	英国	工商银行	2008/9/11
60	大和证券投资信托株式会社	日本	工商银行	2008/9/11

续表

序号	中文全称	国别 / 地区	境内托管银行	资格批准时间
61	壳牌资产管理有限公司	荷兰	汇丰银行	2008/9/12
62	普信投资公司	美国	工商银行	2008/9/12
63	瑞士信贷银行股份有限公司	瑞士	汇丰银行	2008/10/14
64	大华资产管理有限公司	新加坡	中国银行	2008/11/28
65	阿布达比投资局	阿联酋	花旗银行	2008/12/3
66	安联环球投资有限公司	德国	建设银行	2008/12/16
67	资本国际公司	美国	工商银行	2008/12/18
68	三菱日联摩根士丹利证券股份有限公司	日本	汇丰银行	2008/12/29
69	韩华资产运用株式会社	韩国	汇丰银行	2009/2/5
70	安石股票投资管理（美国）有限公司	美国	汇丰银行	2009/2/10
71	韩国产业银行	韩国	工商银行	2009/4/23
72	韩国友利银行股份有限公司	韩国	花旗银行	2009/5/4
73	马来西亚国家银行	马来西亚	工商银行	2009/5/19
74	罗祖儒投资管理（香港）有限公司	中国香港	汇丰银行	2009/5/27
75	邓普顿投资顾问有限公司	美国	工商银行	2009/6/5
76	东亚联丰投资管理有限公司	中国香港	建设银行	2009/6/18
77	三井住友信托银行股份有限公司	日本	花旗银行	2009/6/26
78	韩国投资信托运用株式会社	韩国	工商银行	2009/7/21
79	霸菱资产管理有限公司	英国	花旗银行	2009/8/6
80	安石投资管理有限公司	英国	工商银行	2009/9/14
81	纽约梅隆资产管理国际有限公司	英国	工商银行	2009/11/6
82	宏利资产管理（香港）有限公司	中国香港	汇丰银行	2009/11/20
83	野村资产管理株式会社	日本	汇丰银行	2009/11/23
84	东洋资产运用（株）	韩国	渣打银行	2009/12/11
85	加拿大皇家银行	加拿大	花旗银行	2009/12/23
86	英杰华投资集团全球服务有限公司	英国	花旗银行	2009/12/28
87	常青藤资产管理公司	美国	汇丰银行	2010/2/8
88	顶峰资产管理有限公司	日本	花旗银行	2010/4/20
89	法国欧菲资产管理公司	法国	花旗银行	2010/5/21
90	安本亚洲资产管理公司	新加坡	建设银行	2010/7/6
91	KB 资产运用	韩国	汇丰银行	2010/8/9

续表

序号	中文全称	国别 / 地区	境内托管银行	资格批准时间
92	富达基金（香港）有限公司	中国香港	工商银行	2010/9/1
93	美盛投资（欧洲）有限公司	英国	花旗银行	2010/10/8
94	香港金融管理局	中国香港	建设银行	2010/10/27
95	富邦证券投资信托股份有限公司	中国台湾	建设银行	2010/10/29
96	群益证券投资信托股份有限公司	中国台湾	工商银行	2010/10/29
97	蒙特利尔银行投资公司	加拿大	中信银行	2010/12/6
98	瑞士宝盛银行	瑞士	农业银行	2010/12/14
99	科提比资产运用株式会社	韩国	花旗银行	2010/12/28
100	领先资产管理	法国	德意志银行	2011/2/16
101	元大证券投资信托股份有限公司	中国台湾	建设银行	2011/3/4
102	忠利保险有限公司	意大利	花旗银行	2011/3/18
103	西班牙对外银行有限公司	西班牙	汇丰银行	2011/5/6
104	国泰证券投资信托股份有限公司	中国台湾	汇丰银行	2011/6/9
105	复华证券投资信托股份有限公司	中国台湾	建设银行	2011/6/9
106	亢简资产管理公司	法国	中国银行	2011/6/24
107	东方汇理资产管理香港有限公司	中国香港	汇丰银行	2011/7/14
108	贝莱德机构信托公司	美国	汇丰银行	2011/7/14
109	GMO 有限责任公司	美国	工商银行	2011/8/9
110	新加坡金融管理局	新加坡	渣打银行	2011/10/8
111	中国人寿保险股份有限公司（台湾）	中国台湾	建设银行	2011/10/26
112	新光人寿保险股份有限公司	中国台湾	汇丰银行	2011/10/26
113	普林斯顿大学	美国	工商银行	2011/11/25
114	加拿大年金计划投资委员会	加拿大	交通银行	2011/12/9
115	泛达公司	美国	工商银行	2011/12/9
116	瀚博环球投资公司	美国	汇丰银行	2011/12/13
117	安耐德合伙人有限公司	美国	汇丰银行	2011/12/13
118	泰国银行	泰国	汇丰银行	2011/12/16
119	科威特政府投资局	科威特	工商银行	2011/12/21
120	北美信托环球投资公司	英国	工商银行	2011/12/21
121	台湾人寿保险股份有限公司	中国台湾	汇丰银行	2011/12/21
122	韩国银行	韩国	汇丰银行	2011/12/21

续表

序号	中文全称	国别/地区	境内托管银行	资格批准时间
123	安大略省教师养老金计划委员会	加拿大	花旗银行	2011/12/22
124	韩国投资公司	韩国	汇丰银行	2011/12/28
125	罗素投资爱尔兰有限公司	爱尔兰	汇丰银行	2011/12/28
126	迈世勒资产管理有限责任公司	德国	建设银行	2011/12/31
127	华宜资产运用有限公司	韩国	汇丰银行	2011/12/31
128	新韩法国巴黎资产运用株式会社	韩国	花旗银行	2012/1/5
129	家庭医生退休基金	荷兰	花旗银行	2012/1/5
130	国民年金公团（韩国）	韩国	花旗银行	2012/1/5
131	三商美邦人寿保险股份有限公司	中国台湾	中国银行	2012/1/30
132	保德信证券投资信托股份有限公司	中国台湾	中国银行	2012/1/31
133	信安环球投资有限公司	美国	花旗银行	2012/1/31
134	医院管理局公积金计划	中国香港	中国银行	2012/1/31
135	全球人寿保险股份有限公司	中国台湾	工商银行	2012/2/3
136	大众信托基金有限公司	马来西亚	工商银行	2012/2/3
137	明治安田资产管理有限公司	日本	汇丰银行	2012/2/27
138	国泰人寿保险股份有限公司	中国台湾	汇丰银行	2012/2/28
139	三井住友银行株式会社	日本	汇丰银行	2012/2/28
140	富邦人寿保险股份有限公司	中国台湾	德意志银行	2012/3/1
141	友邦保险有限公司	中国香港	汇丰银行	2012/3/5
142	纽伯格伯曼欧洲有限公司	英国	工商银行	2012/3/5
143	马来西亚国库控股公司	马来西亚	汇丰银行	2012/3/7
144	资金研究与管理公司	美国	工商银行	2012/3/9
145	日本东京海上资产管理株式会社	日本	建设银行	2012/3/14
146	韩亚金融投资株式会社	韩国	汇丰银行	2012/3/29
147	兴元资产管理有限公司	美国	渣打银行	2012/3/30
148	伦敦市投资管理有限公司	英国	工商银行	2012/3/30
149	摩根资产管理（英国）有限公司	英国	渣打银行	2012/3/30
150	冈三资产管理股份有限公司	日本	工商银行	2012/3/30
151	预知投资管理公司	南非	花旗银行	2012/4/18
152	东部资产运用株式会社	韩国	建设银行	2012/4/20
153	骏利资产管理有限公司	美国	汇丰银行	2012/4/20

续表

序号	中文全称	国别 / 地区	境内托管银行	资格批准时间
154	瀚森全球投资有限公司	英国	花旗银行	2012/4/28
155	欧利盛资产管理有限公司	卢森堡	花旗银行	2012/5/2
156	中银国际英国保诚资产管理有限公司	中国香港	汇丰银行	2012/5/3
157	富敦资金管理有限公司	新加坡	农业银行	2012/5/4
158	利安资金管理公司	新加坡	花旗银行	2012/5/7
159	忠利银行基金管理卢森堡有限责任公司	卢森堡	汇丰银行	2012/5/23
160	威廉博莱公司	美国	工商银行	2012/5/24
161	天达资产管理有限公司	英国	花旗银行	2012/5/28
162	安智投资管理亚太（香港）有限公司	中国香港	汇丰银行	2012/6/4
163	三菱日联国际资产管理公司	日本	汇丰银行	2012/6/4
164	中银集团人寿保险有限公司	中国香港	汇丰银行	2012/7/12
165	霍尔资本有限公司	美国	工商银行	2012/8/6
166	得克萨斯大学体系董事会	美国	汇丰银行	2012/8/6
167	南山人寿保险股份有限公司	中国台湾	汇丰银行	2012/8/6
168	SUVA 瑞士国家工伤保险机构	瑞士	建设银行	2012/8/13
169	不列颠哥伦比亚省投资管理公司	加拿大	工商银行	2012/8/17
170	惠理基金管理香港有限公司	中国香港	农业银行	2012/8/21
171	安大略退休金管理委员会	加拿大	花旗银行	2012/8/29
172	教会养老基金	美国	中国银行	2012/8/31
173	麦格理银行有限公司	澳大利亚	花旗银行	2012/9/4
174	瑞典第二国家养老金	瑞典	汇丰银行	2012/9/20
175	海通国际资产管理（香港）有限公司	中国香港	花旗银行	2012/9/20
176	IDG 资本管理（香港）有限公司	中国香港	建设银行	2012/9/20
177	杜克大学	美国	花旗银行	2012/9/24
178	卡塔尔控股有限责任公司	卡塔尔	建设银行	2012/9/25
179	瑞士盈丰银行股份有限公司	瑞士	中国银行	2012/9/26
180	海拓投资管理公司	美国	中国银行	2012/10/26
181	奥博医疗顾问有限公司	美国	工商银行	2012/10/26
182	新思路投资有限公司	新加坡	汇丰银行	2012/10/26
183	贝莱德资产管理北亚有限公司	中国香港	建设银行	2012/10/26
184	摩根证券投资信托股份有限公司	中国台湾	汇丰银行	2012/11/5

续表

序号	中文全称	国别 / 地区	境内托管银行	资格批准时间
185	全球保险集团美国投资管理有限公司	美国	建设银行	2012/11/5
186	鼎晖投资咨询新加坡有限公司	新加坡	工商银行	2012/11/7
187	瑞典北欧斯安银行有限公司	瑞典	汇丰银行	2012/11/12
188	嘉实国际资产管理有限公司	中国香港	花旗银行	2012/11/12
189	灰石投资管理有限公司	加拿大	汇丰银行	2012/11/21
190	统一证券投资信托股份有限公司	中国台湾	汇丰银行	2012/11/21
191	毕盛资产管理有限公司	新加坡	花旗银行	2012/11/27
192	中信里昂另类投资管理有限公司	中国香港	渣打银行	2012/12/11
193	太平洋投资策略有限公司	中国香港	交通银行	2012/12/11
194	易方达资产管理（香港）有限公司	中国香港	交通银行	2012/12/11
195	高瓴资本管理有限公司	新加坡	工商银行	2012/12/11
196	永丰证券投资信托股份有限公司	中国台湾	交通银行	2012/12/13
197	华夏基金（香港）有限公司	中国香港	建设银行	2012/12/25
198	宜思投资管理有限责任公司	瑞典	建设银行	2013/1/7
199	第一金证券投资信托股份有限公司	中国台湾	花旗银行	2013/1/24
200	太平洋投资管理公司亚洲私营有限公司	新加坡	德意志银行	2013/1/24
201	瑞银资产管理（香港）有限公司	中国香港	建设银行	2013/1/24
202	南方东英资产管理有限公司	中国香港	工商银行	2013/1/31
203	EJS 投资管理有限公司	瑞士	交通银行	2013/1/31
204	国泰君安资产管理（亚洲）有限公司	中国香港	建设银行	2013/2/21
205	泰康资产管理（香港）有限公司	中国香港	建设银行	2013/2/22
206	招商证券资产管理（香港）有限公司	中国香港	汇丰银行	2013/2/22
207	国民证券株式会社	韩国	汇丰银行	2013/3/22
208	工银亚洲投资管理有限公司	中国香港	德意志银行	2013/3/25
209	亚洲资本再保险集团私人有限公司	新加坡	中国银行	2013/4/11
210	AZ 基金管理股份有限公司	卢森堡	汇丰银行	2013/4/11
211	台新证券投资信托股份有限公司	中国台湾	汇丰银行	2013/4/27
212	海富通资产管理（香港）有限公司	中国香港	花旗银行	2013/5/7
213	汇丰中华证券投资信托股份有限公司	中国台湾	汇丰银行	2013/5/10
214	太平资产管理（香港）有限公司	中国香港	中国银行	2013/5/15
215	中国国际金融香港资产管理有限公司	中国香港	工商银行	2013/5/16

续表

序号	中文全称	国别 / 地区	境内托管银行	资格批准时间
216	中国光大资产管理有限公司	中国香港	工商银行	2013/5/30
217	博时基金（国际）有限公司	中国香港	汇丰银行	2013/6/4
218	兆丰国际证券投资信托股份有限公司	中国台湾	汇丰银行	2013/6/4
219	法国巴黎投资管理亚洲有限公司	中国香港	工商银行	2013/6/19
220	圣母大学	美国	汇丰银行	2013/6/19
221	纽堡亚洲	美国	花旗银行	2013/7/15
222	华南永昌证券投资信托股份有限公司	中国台湾	渣打银行	2013/7/15
223	景林资产管理香港有限公司	中国香港	建设银行	2013/7/15
224	中国信托人寿保险股份有限公司	中国台湾	汇丰银行	2013/8/20
225	凯思博投资管理（香港）有限公司	中国香港	花旗银行	2013/8/20
226	富邦产物保险股份有限公司	中国台湾	建设银行	2013/8/26
227	欧特咨询有限公司	英国	花旗银行	2013/8/26
228	盛树投资管理有限公司	新加坡	工商银行	2013/8/26
229	广发国际资产管理有限公司	中国香港	汇丰银行	2013/9/26
230	梅奥诊所	美国	农业银行	2013/9/29
231	国信证券（香港）资产管理有限公司	中国香港	中国银行	2013/9/29
232	新加坡科技资产管理有限公司	新加坡	汇丰银行	2013/10/18
233	政府养老基金（泰国）	泰国	中国银行	2013/10/24
234	狮诚控股国际私人有限公司	新加坡	花旗银行	2013/10/30
235	CSAM 资产管理有限公司	新加坡	汇丰银行	2013/10/30
236	中国人寿富兰克林资产管理有限公司	中国香港	建设银行	2013/10/30
237	瑞银韩亚资产运用株式会社	韩国	汇丰银行	2013/10/31
238	国泰世华商业银行股份有限公司	中国台湾	德意志银行	2013/11/7
239	立陶宛银行	立陶宛	汇丰银行	2013/11/23
240	富兰克林华美证券投资信托股份有限公司	中国台湾	汇丰银行	2013/11/23
241	中国信托商业银行股份有限公司	中国台湾	汇丰银行	2013/11/23
242	华盛顿大学	美国	建设银行	2014/1/23
243	澳门金融管理局	澳门	德意志银行	2014/1/27
244	史帝夫尼可洛司股份有限公司	美国	花旗银行	2014/1/27
245	职总英康保险合作社有限公司	新加坡	汇丰银行	2014/1/27
246	Invesco PowerShares 资产管理有限公司	美国	汇丰银行	2014/1/27

续表

序号	中文全称	国别 / 地区	境内托管银行	资格批准时间
247	瑞士再保险私人有限公司	瑞士	汇丰银行	2014/1/27
248	Nordea 投资管理公司	瑞典	花旗银行	2014/1/27
249	国票华顿证券投资信托股份有限公司	中国台湾	汇丰银行	2014/3/11
250	喀斯喀特有限责任公司	美国	汇丰银行	2014/3/11
251	铭基国际投资公司	美国	工商银行	2014/3/12
252	奥本海默基金公司	美国	汇丰银行	2014/3/19
253	高观投资有限公司	中国香港	工商银行	2014/4/8
254	台新国际商业银行股份有限公司	中国台湾	汇丰银行	2014/6/3
255	花旗集团基金管理有限公司	中国香港	工商银行	2014/6/16
256	爱斯普乐基金管理公司	韩国	兴业银行	2014/7/24
257	彭博家族基金会	美国	中国银行	2014/7/25
258	石溪集团	美国	建设银行	2014/7/28
259	麻省理工学院	美国	德意志银行	2014/9/19
260	万金全球香港有限公司	中国香港	汇丰银行	2014/9/22
261	高盛国际	英国	渣打银行	2014/9/22
262	安盛基金管理有限公司	卢森堡	汇丰银行	2014/10/8
263	国投瑞银资产管理（香港）有限公司	中国香港	汇丰银行	2014/12/1
264	工银瑞信资产管理（国际）有限公司	中国香港	德意志银行	2014/12/4
265	申万宏源投资管理（亚洲）有限公司	中国香港	汇丰银行	2014/12/30
266	宾夕法尼亚大学校董会	美国	德意志银行	2015/1/5
267	广发资产管理（香港）有限公司	中国香港	汇丰银行	2015/1/7
268	麦盛资产管理（亚洲）有限公司	中国香港	工商银行	2015/1/22
269	玉山商业银行股份有限公司	中国台湾	工商银行	2015/2/27
270	汇添富资产管理（香港）有限公司	中国香港	工商银行	2015/2/27
271	加利福尼亚大学校董会	美国	汇丰银行	2015/3/25
272	富国资产管理（香港）有限公司	中国香港	德意志银行	2015/4/8
273	文莱投资局	文莱	中国银行	2015/5/7
274	台湾银行股份有限公司	中国台湾	工商银行	2015/5/20
275	淡水泉（香港）投资管理有限公司	中国香港	建设银行	2015/5/20
276	安联证券投资信托股份有限公司	中国台湾	汇丰银行	2015/5/21
277	安信资产管理（香港）有限公司	中国香港	交通银行	2015/6/2

续表

序号	中文全称	国别 / 地区	境内托管银行	资格批准时间
278	日盛证券投资信托股份有限公司	中国台湾	农业银行	2015/6/2
279	泛亚投资管理有限公司	瑞士	汇丰银行	2015/6/29
280	建银国际资产管理有限公司	中国香港	中国银行	2015/7/28
281	忠诚保险有限公司	葡萄牙	中国银行	2015/8/31
282	挚信投资顾问（香港）有限公司	中国香港	汇丰银行	2015/10/12
283	瀚亚证券投资信托股份有限公司	中国台湾	渣打银行	2015/11/2
284	柏瑞证券投资信托股份有限公司	中国台湾	中国银行	2015/11/24
285	农银国际资产管理有限公司	中国香港	建设银行	2015/11/24
286	融通国际资产管理有限公司	中国香港	汇丰银行	2016/1/15
287	国泰全球投资管理有限公司	中国香港	花旗银行	2016/3/17
288	第一商业银行股份有限公司	中国台湾	农业银行	2016/5/3
289	元大证券股份有限公司	中国台湾	兴业银行	2016/7/19
290	工银国际资产管理有限公司	中国香港	交通银行	2016/7/19
291	中国光大证券资产管理有限公司	中国香港	中国银行	2016/8/12
292	领航集团有限公司	美国	汇丰银行	2016/9/1
293	中邮创业国际资产管理有限公司	中国香港	中国银行	2016/9/9
294	财通国际资产管理有限公司	中国香港	工商银行	2016/9/9
295	摩根大通证券股份有限公司	英国	汇丰银行	2016/9/28
296	大成国际资产管理有限公司	中国香港	汇丰银行	2016/12/6
297	招银国际资产管理有限公司	中国香港	德意志银行	2017/1/5
298	中加国际资产管理有限公司	中国香港	花旗银行	2017/1/10
299	国家第一养老金信托公司	澳大利亚	农业银行	2017/1/18
300	海通银行股份有限公司	葡萄牙	汇丰银行	2017/2/13
301	中银香港资产管理有限公司	中国香港	德意志银行	2017/5/24
302	兴证国际资产管理有限公司	中国香港	汇丰银行	2017/6/19
303	山证国际资产管理有限公司	中国香港	花旗银行	2017/8/14
304	上投摩根资产管理（香港）有限公司	中国香港	建设银行	2017/10/27
305	荷兰汇盈资产管理公司	荷兰	汇丰银行	2017/11/28
306	中泰国际资产管理有限公司	中国香港	工商银行	2018/8/15
307	长盛基金（香港）有限公司	中国香港	中国银行	2018/8/22
308	雪湖资本（香港）有限公司	中国香港	交通银行	2018/12/14

续表

序号	中文全称	国别 / 地区	境内托管银行	资格批准时间
309	野村新加坡有限公司	新加坡	汇丰银行	2019/3/12
310	兴元投资管理有限公司	英国	建设银行	2019/6/5
311	国际金融公司	国际组织	花旗银行	2019/7/1
312	中信资本投资管理有限公司	中国香港	工行银行	2019/7/11
313	马歇尔 · 伟世有限责任公司	英国	汇丰银行	2019/8/22
314	思佰益资产管理株式会社	日本	民生银行	2019/11/14
315	范德堡大学	美国	汇丰银行	2019/11/26
316	高都管理有限责任公司	美国	汇丰银行	2019/12/16

附表

附表6 合格境外机构投资者托管银行一览表

序号	QFII 托管银行中文名称
1	汇丰银行（中国）有限公司
2	花旗银行（中国）有限公司
3	渣打银行（中国）有限公司
4	中国工商银行股份有限公司
5	中国银行股份有限公司
6	中国农业银行股份有限公司
7	交通银行股份有限公司
8	中国建设银行股份有限公司
9	中国光大银行股份有限公司
10	中国招商银行股份有限公司
11	德意志银行（中国）有限公司
12	星展银行（中国）有限公司
13	中国中信银行股份有限公司
14	上海浦东发展银行股份有限公司
15	中国民生银行股份有限公司
16	三菱东京日联银行（中国）有限公司
17	兴业银行股份有限公司
18	平安银行股份有限公司
19	华夏银行股份有限公司

附表7 人民币合格境外机构投资者一览表

序号	RQFII 中文全称	注册地	境内托管银行	资格批准时间
1	南方东英资产管理有限公司	中国香港	中国银行 汇丰银行	2011/12/21
2	易方达资产管理（香港）有限公司	中国香港	交通银行 汇丰银行 建设银行	2011/12/21
3	嘉实国际资产管理有限公司	中国香港	中国银行 汇丰银行	2011/12/21
4	华夏基金（香港）有限公司	中国香港	中国银行 花旗银行	2011/12/21
5	大成国际资产管理有限公司	中国香港	中国银行	2011/12/21
6	汇添富资产管理（香港）有限公司	中国香港	中国银行	2011/12/21
7	博时基金（国际）有限公司	中国香港	汇丰银行	2011/12/21
8	海富通资产管理（香港）有限公司	中国香港	中国银行 工商银行	2011/12/21
9	华安资产管理（香港）有限公司	中国香港	中国银行 汇丰银行 建设银行	2011/12/21
10	申万宏源（国际）集团有限公司	中国香港	交通银行	2011/12/22
11	安信国际金融控股有限公司	中国香港	汇丰银行	2011/12/22
12	中国国际金融（香港）有限公司	中国香港	中国银行	2011/12/22
13	国信证券（香港）金融控股有限公司	中国香港	中国银行	2011/12/22
14	光大证券金融控股有限公司	中国香港	中国银行	2011/12/22
15	华泰金融控股（香港）有限公司	中国香港	交通银行	2011/12/22
16	国泰君安金融控股有限公司	中国香港	中国银行	2011/12/22
17	海通国际控股有限公司	中国香港	中国银行	2011/12/22
18	广发控股（香港）有限公司	中国香港	中国银行	2011/12/22
19	招商证券国际有限公司	中国香港	中国银行	2011/12/22
20	中信证券国际有限公司	中国香港	中国银行	2011/12/22
21	国元证券（香港）有限公司	中国香港	汇丰银行	2011/12/22
22	工银瑞信资产管理（国际）有限公司	中国香港	建设银行	2012/8/7
23	广发国际资产管理有限公司	中国香港	工商银行 农业银行	2012/8/7
24	上投摩根资产管理（香港）有限公司	中国香港	建设银行	2012/10/26
25	国投瑞银资产管理（香港）有限公司	中国香港	中国银行	2012/12/17

续表

序号	RQFII 中文全称	注册地	境内托管银行	资格批准时间
26	富国资产管理（香港）有限公司	中国香港	汇丰银行	2012/12/17
27	诺安基金（香港）有限公司	中国香港	工商银行	2013/2/22
28	泰康资产管理（香港）有限公司	中国香港	农业银行	2013/3/14
29	建银国际资产管理有限公司	中国香港	工商银行	2013/3/25
30	兴证（香港）金融控股有限公司	中国香港	中国银行 兴业银行	2013/4/25
31	中国人寿富兰克林资产管理有限公司	中国香港	工商银行	2013/5/15
32	农银国际资产管理有限公司	中国香港	中国银行	2013/5/15
33	中投证券（香港）金融控股有限公司	中国香港	中国银行	2013/5/16
34	东方金融控股（香港）有限公司	中国香港	中国银行	2013/5/23
35	工银亚洲投资管理有限公司	中国香港	建设银行	2013/6/4
36	恒生投资管理有限公司	中国香港	建设银行	2013/6/4
37	太平资产管理（香港）有限公司	中国香港	建设银行	2013/6/19
38	中银香港资产管理有限公司	中国香港	农业银行	2013/7/15
39	南华资产管理（香港）有限公司	中国香港	交通银行	2013/7/15
40	长江证券控股（香港）有限公司	中国香港	中国银行	2013/7/15
41	中国平安资产管理（香港）有限公司	中国香港	中国银行	2013/7/19
42	信达国际资产管理有限公司	中国香港	建设银行	2013/7/19
43	丰收投资管理（香港）有限公司	中国香港	工商银行	2013/7/19
44	汇丰环球投资管理（香港）有限公司	中国香港	交通银行	2013/7/19
45	东亚银行有限公司	中国香港	交通银行	2013/8/15
46	永丰金资产管理（亚洲）有限公司	中国香港	工商银行	2013/8/15
47	交银国际资产管理有限公司	中国香港	汇丰银行	2013/8/20
48	中国东方国际资产管理有限公司	中国香港	中国银行	2013/8/20
49	惠理基金管理香港有限公司	中国香港	汇丰银行	2013/8/20
50	柏瑞投资香港有限公司	中国香港	汇丰银行	2013/9/26
51	创兴银行有限公司	中国香港	建设银行	2013/9/26
52	JF 资产管理有限公司	中国香港	建设银行	2013/10/30
53	未来资产环球投资（香港）有限公司	中国香港	工商银行	2013/10/30
54	香港沪光国际投资管理有限公司	中国香港	中国银行	2013/10/30
55	中国光大资产管理有限公司	中国香港	汇丰银行	2013/10/30
56	中信建投（国际）金融控股有限公司	中国香港	中国银行	2013/10/30
57	国金证券（香港）有限公司	中国香港	建设银行	2013/12/6
58	中国银河国际金融控股有限公司	中国香港	汇丰银行	2013/12/11
59	安石投资管理有限公司	英国	汇丰银行	2013/12/17
60	瑞银资产管理（香港）有限公司	中国香港	汇丰银行	2013/12/19

续表

序号	RQFII 中文全称	注册地	境内托管银行	资格批准时间
61	永隆资产管理有限公司	中国香港	交通银行	2013/12/30
62	景林资产管理香港有限公司	中国香港	汇丰银行	2014/1/10
63	华宝兴业资产管理（香港）有限公司	中国香港	中国银行	2014/1/20
64	易亚投资管理有限公司	中国香港	渣打银行	2014/1/27
65	麦格理基金管理（香港）有限公司	中国香港	汇丰银行	2014/1/27
66	道富环球投资管理亚洲有限公司	中国香港	建设银行	2014/1/27
67	嘉理资产管理有限公司	中国香港	建设银行	2014/3/6
68	施罗德投资管理（香港）有限公司	中国香港	汇丰银行	2014/3/6
69	贝莱德资产管理北亚有限公司	中国香港	花旗银行	2014/3/11
70	交银施罗德资产管理（香港）有限公司	中国香港	汇丰银行	2014/3/12
71	越秀资产管理有限公司	中国香港	工商银行	2014/3/26
72	润晖投资管理香港有限公司	中国香港	建设银行	2014/3/27
73	赤子之心资本亚洲有限公司	中国香港	花旗银行	2014/4/15
74	招商资产（香港）有限公司	中国香港	中国银行	2014/5/21
75	富达基金（香港）有限公司	中国香港	工商银行	2014/5/21
76	日兴资产管理亚洲有限公司	新加坡	中国银行	2014/5/21
77	毕盛资产管理有限公司	新加坡	建设银行	2014/5/21
78	富敦资金管理有限公司	新加坡	汇丰银行	2014/5/21
79	辉立资本管理（香港）有限公司	中国香港	渣打银行	2014/6/3
80	长盛基金（香港）有限公司	中国香港	中国银行	2014/6/12
81	贝莱德顾问（英国）有限公司	英国	汇丰银行	2014/6/13
82	汇丰环球资产管理（英国）有限公司	英国	交通银行	2014/6/16
83	中泰金融国际有限公司	中国香港	交通银行	2014/6/27
84	三星资产运用（香港）有限公司	中国香港	花旗银行	2014/6/30
85	新思路投资有限公司	中国香港	汇丰银行	2014/7/24
86	新华资产管理（香港）有限公司	中国香港	建设银行	2014/7/24
87	元富证券（香港）有限公司	中国香港	渣打银行	2014/7/28
88	国泰君安基金管理有限公司	中国香港	工商银行	2014/8/11
89	财通国际资产管理有限公司	中国香港	交通银行	2014/8/12
90	联博香港有限公司	中国香港	建设银行	2014/8/12
91	元大宝来证券（香港）有限公司	中国香港	中国银行	2014/8/15
92	安本亚洲资产管理有限公司	新加坡	花旗银行	2014/8/15
93	法国巴黎投资管理	法国	汇丰银行	2014/8/27
94	天达资产管理有限公司	英国	汇丰银行	2014/8/28
95	凯敏雅克资产管理公司	法国	汇丰银行	2014/9/19
96	星展银行有限公司	新加坡	农业银行	2014/9/22

续表

序号	RQFII 中文全称	注册地	境内托管银行	资格批准时间
97	利安资金管理公司	新加坡	中国银行	2014/9/23
98	融通国际资产管理有限公司	中国香港	工商银行	2014/10/8
99	上海商业银行有限公司	中国香港	交通银行	2014/10/13
100	法国巴黎投资管理亚洲有限公司	中国香港	汇丰银行	2014/10/13
101	新韩法国巴黎资产运用株式会社	韩国	汇丰银行	2014/10/13
102	中诚国际资本有限公司	中国香港	交通银行	2014/10/31
103	百达资产管理有限公司	英国	汇丰银行	2014/11/6
104	亨茂资产管理有限公司	中国香港	工商银行	2014/11/19
105	赛德堡资本（英国）有限公司	英国	建设银行	2014/11/19
106	霸菱资产管理（亚洲）有限公司	中国香港	汇丰银行	2014/11/25
107	信安环球投资（香港）有限公司	中国香港	建设银行	2014/11/25
108	施罗德投资管理（新加坡）有限公司	新加坡	汇丰银行	2014/12/1
109	未来资产基金管理公司	韩国	汇丰银行	2014/12/4
110	威灵顿投资管理国际有限公司	英国	汇丰银行	2014/12/10
111	加拿大丰业亚洲有限公司	新加坡	中国银行	2014/12/12
112	摩根资产管理（新加坡）有限公司	新加坡	建设银行	2014/12/24
113	东洋资产运用（株）	韩国	汇丰银行	2014/12/24
114	NH-AMUNDI 资产管理有限公司	韩国	汇丰银行	2014/12/26
115	富舜资产管理（香港）有限公司	中国香港	中国银行	2014/12/26
116	东部资产运用株式会社	韩国	建设银行	2014/12/26
117	韩亚金融投资株式会社	韩国	花旗银行	2014/12/29
118	瑞银韩亚资产运用株式会社	韩国	汇丰银行	2015/1/5
119	CSAM 资产管理有限公司	新加坡	建设银行	2015/1/5
120	东亚联丰投资管理有限公司	中国香港	德意志银行	2015/1/5
121	新加坡政府投资有限公司	新加坡	渣打银行	2015/1/22
122	纽伯格曼新加坡	新加坡	渣打银行	2015/1/22
123	TRUSTON 资产管理有限公司	韩国	汇丰银行	2015/1/22
124	大信资产运用株式会社	韩国	中国银行	2015/1/22
125	三星资产运用株式会社	韩国	渣打银行	2015/1/22
126	韩国投资信托运用株式会社	韩国	渣打银行	2015/1/22
127	景顺投资管理有限公司	中国香港	汇丰银行	2015/2/6
128	MY Asset 投资管理有限公司	韩国	汇丰银行	2015/2/6
129	德意志资产及财富管理投资有限公司	德国	汇丰银行	2015/2/6
130	新韩金融投资公司	韩国	汇丰银行	2015/2/16
131	凯思博投资管理（香港）有限公司	中国香港	工商银行	2015/2/16
132	兴国资产管理公司	韩国	汇丰银行	2015/2/16

续表

序号	RQFII 中文全称	注册地	境内托管银行	资格批准时间
133	英杰华投资亚洲私人有限公司	新加坡	汇丰银行	2015/2/17
134	中国建设银行（伦敦）有限公司	伦敦	汇丰银行	2015/2/17
135	达杰资金管理有限公司	新加坡	汇丰银行	2015/2/27
136	KKR 新加坡有限公司	新加坡	建设银行	2015/3/2
137	领航投资澳洲有限公司	澳大利亚	汇丰银行	2015/3/2
138	兴元投资管理有限公司	英国	德意志银行	2015/3/6
139	大华资产管理有限公司	新加坡	工商银行	2015/3/6
140	苏尔斯英国服务有限公司	英国	汇丰银行	2015/3/25
141	领先资产管理	法国	工商银行	2015/3/25
142	未来资产大宇株式会社	韩国	汇丰银行	2015/3/25
143	信诚资产管理（新加坡）有限公司	新加坡	德意志银行	2015/3/31
144	三星生命保险株式会社	韩国	中国银行	2015/3/31
145	教保安盛资产运用（株）	韩国	汇丰银行	2015/4/2
146	迈睿思资产管理有限公司	韩国	交通银行	2015/4/8
147	安联环球投资新加坡有限公司	新加坡	汇丰银行	2015/4/8
148	方圆投资管理（香港）有限公司	中国香港	中国银行	2015/4/8
149	三星证券株式会社	韩国	汇丰银行	2015/4/17
150	GAM 国际管理有限公司	英国	汇丰银行	2015/4/17
151	华宜资产运用株式会社	韩国	工商银行	2015/5/6
152	华侨银行有限公司	新加坡	中国银行	2015/5/6
153	嘉实国际资产管理（英国）有限公司	英国	汇丰银行	2015/5/6
154	东方汇理资产管理香港有限公司	中国香港	中国银行	2015/5/20
155	瑞士再保险股份有限公司	瑞士	汇丰银行	2015/6/2
156	蓝海资产管理公司	英国	汇丰银行	2015/6/26
157	爱斯普乐基金管理公司	韩国	花旗银行	2015/6/29
158	KB 资产运用有限公司	韩国	汇丰银行	2015/6/29
159	韩国产业银行	韩国	汇丰银行	2015/6/29
160	瑞银资产管理（新加坡）有限公司	新加坡	汇丰银行	2015/6/29
161	CI 投资管理公司	加拿大	汇丰银行	2015/6/29
162	元大证券株式会社	韩国	汇丰银行	2015/7/28
163	UBI 资产管理公司	法国	工商银行	2015/7/28
164	韩华资产运用株式会社	韩国	工商银行	2015/7/28
165	大信证券（株）	韩国	汇丰银行	2015/7/28
166	韩国投资证券株式会社	韩国	汇丰银行	2015/8/10
167	IBK 投资证券株式会社	韩国	汇丰银行	2015/8/10
168	三星火灾海上保险公司	韩国	汇丰银行	2015/8/31

续表

序号	RQFII 中文全称	注册地	境内托管银行	资格批准时间
169	东方汇理资产管理新加坡有限公司	新加坡	渣打银行	2015/8/31
170	Multi Asset 基金管理公司	韩国	汇丰银行	2015/8/31
171	东方汇理	法国	汇丰银行	2015/9/17
172	Kiwoom 投资资产管理有限公司	韩国 Management Co, Ltd	汇丰银行	2015/9/23
173	现代投资公司（株）	韩国	汇丰银行	2015/10/9
174	中国工商银行（欧洲）有限公司	卢森堡	汇丰银行	2015/11/2
175	中国银行（卢森堡）有限公司	卢森堡	渣打银行	2015/11/3
176	广发国际资产管理（英国）有限公司	英国	汇丰银行	2015/12/10
177	安大略退休金管理委员会	加拿大	汇丰银行	2015/12/21
178	加拿大年金计划投资委员会	加拿大	汇丰银行	2015/12/21
179	保宁资产有限公司	英国	中国银行	2016/1/13
180	贝莱德（新加坡）有限公司	新加坡	汇丰银行	2016/1/25
181	野村资产管理德国有限公司	德国	汇丰银行	2016/2/1
182	太平洋投资管理公司亚洲私营有限公司	新加坡	汇丰银行	2016/2/15
183	法国工商信贷银行有限公司	法国	渣打银行	2016/2/22
184	忠利投资卢森堡有限公司	卢森堡	建设银行	2016/2/22
185	OCTO 资产管理公司	法国	工商银行	2016/2/26
186	Avanda 投资管理私人有限公司	新加坡	汇丰银行	2016/3/15
187	瀚亚投资（新加坡）有限公司	新加坡	汇丰银行	2016/3/17
188	广发金融交易（英国）有限公司	英国	工商银行	2016/4/1
189	安盛投资管理有限公司（巴黎）	法国	浦发银行	2016/4/1
190	高盛国际资产管理公司	英国	汇丰银行	2016/4/15
191	辉立资金管理有限公司	新加坡	工商银行	2016/4/26
192	安联环球投资有限公司	德国	汇丰银行	2016/4/26
193	迈达思基金管理有限公司	韩国	渣打银行	2016/5/6
194	富达投资管理（新加坡）有限公司	新加坡	花旗银行	2016/6/6
195	荷宝卢森堡股份有限公司	卢森堡	德意志银行	2016/6/8
196	爱德蒙得洛希尔资产管理（法国）有限公司	法国	建设银行	2016/6/8
197	新加坡科技资产管理有限公司	新加坡	渣打银行	2016/6/24
198	海汇通资产管理有限公司	新加坡	工商银行	2016/7/19
199	有进投资证券公司	韩国	汇丰银行	2016/8/12
200	株式会社新韩银行	韩国	汇丰银行	2016/8/22
201	凯恩国际基金管理股份有限公司（卢森堡）	卢森堡	汇丰银行	2016/9/9
202	开泰基金管理有限公司	泰国	汇丰银行	2016/9/9
203	罗素投资管理（澳大利亚）有限公司	澳大利亚	汇丰银行	2016/10/27

续表

序号	RQFII 中文全称	注册地	境内托管银行	资格批准时间
204	贝莱德基金顾问公司	美国	汇丰银行	2016/11/25
205	Lemanik 资产管理股份有限公司	卢森堡	工商银行	2016/11/25
206	锋裕资产管理公司	卢森堡	汇丰银行	2016/12/20
207	联昌信安资产管理有限公司	马来西亚	汇丰银行	2017/1/18
208	范达投资有限公司	澳大利亚	工商银行	2017/2/23
209	首域投资管理（英国）有限公司	澳大利亚	花旗银行	2017/5/31
210	古根海姆基金投资顾问有限责任公司	美国	汇丰银行	2017/6/19
211	申万宏源新加坡私人有限公司	新加坡	中国银行	2017/7/27
212	Acadian 资产管理有限责任公司	美国	汇丰银行	2017/7/27
213	新盟投资管理公司	新加坡	汇丰银行	2017/8/18
214	贝莱德机构信托公司	美国	汇丰银行	2017/9/1
215	霸菱资产管理有限公司	英国	汇丰银行	2017/9/26
216	WisdomTree 资产管理	美国	汇丰银行	2017/10/16
217	海克利尔国际投资有限责任合伙	英国	汇丰银行	2018/1/8
218	中加国际资产管理有限公司	中国香港	建设银行	2018/5/2
219	美国桥水投资公司	美国	汇丰银行	2018/5/25
220	道富环球投资有限公司	英国	汇丰银行	2018/5/31
221	道富环球投资信托公司	美国	汇丰银行	2018/5/31
222	道富环球投资资产管理有限公司	美国	汇丰银行	2018/5/31
223	道富环球投资爱尔兰有限公司	爱尔兰	汇丰银行	2018/5/31
224	富善国际资产管理（香港）有限公司	中国香港	建设银行	2018/7/16
225	WisdomTree 管理有限公司	爱尔兰	汇丰银行	2018/8/27
226	耀之国际资产管理有限公司	中国香港	工商银行	2018/9/6
227	三井住友银行股份有限公司	日本	汇丰银行	2018/9/30
228	银华国际资本管理公司	中国香港	建设银行	2018/10/8
229	中国人保香港资产管理有限公司	中国香港	建设银行	2018/10/12
230	中邮国际（英国）有限公司	中国香港	中国银行	2018/10/23
231	瑞士嘉盛银行有限公司	瑞士	建设银行	2018/11/20
232	东吴中新资产管理（亚洲）有限公司	新加坡	中国银行	2018/12/3
233	FMR 有限公司	美国	汇丰银行	2018/12/18
234	盘谷资产管理有限公司	泰国	中国银行	2019/2/15
235	柏瑞投资爱尔兰有限公司	爱尔兰	汇丰银行	2019/2/26
236	思达资本（香港）有限公司	中国香港	星展银行	2019/2/27
237	国际货币基金组织	国际组织	工商银行	2019/3/5
238	乐瑞资产管理（香港）有限公司	中国香港	工商银行	2019/4/17
239	时和资产管理有限公司	中国香港	工商银行	2019/4/17

续表

序号	RQFII 中文全称	注册地	境内托管银行	资格批准时间
240	三菱日联银行股份有限公司	日本	汇丰银行	2019/4/23
241	新分享资产管理有限公司	中国香港	工商银行	2019/4/28
242	山证国际资产管理有限公司	中国香港	中国银行	2019/6/18
243	新永安国际资产管理有限公司	中国香港	建设银行	2019/8/22
244	方正资产管理（香港）有限公司	中国香港	建设银行	2019/8/19
245	熵一资产管理有限公司	中国香港	星展银行	2019/11/8
246	同方证券有限公司	中国香港	交通银行	2019/11/26
247	复星恒利证券有限公司	中国香港	交通银行	2019/12/27

附表8　　境外证券类机构驻华代表处一览表

序号	境外机构名称	代表处地点
1	野村证券株式会社	北京 上海
2	法国巴黎资本（亚洲）有限公司	北京 上海
3	美林国际有限公司	北京 上海
4	中信里昂证券有限公司	上海 深圳
5	摩根士丹利亚洲有限公司	北京
6	高盛（中国）有限责任公司	北京 上海
7	巴克莱证券有限公司	上海
8	群益国际控股有限公司	上海
9	元大证券股份有限公司	北京 上海
10	国民证券株式会社	上海
11	新鸿基投资服务有限公司	上海 深圳
12	星展唯高达香港有限公司	上海
13	永丰金证券（亚洲）有限公司	上海
14	日盛嘉富证券国际有限公司	上海
15	凯基证券亚洲有限公司	上海 深圳
16	海通国际证券有限公司	上海
17	三星证券株式会社	北京
18	香港上海汇丰银行有限公司	北京 上海
19	内藤证券株式会社	上海
20	香港摩根大通证券（亚太）有限公司	北京 上海
21	法国兴业证券（香港）有限公司	上海
22	农协投资证券公司	上海
23	富达基金（香港）有限公司	北京 上海
24	大和投资管理（香港）有限公司	上海
25	瑞士信贷（香港）有限公司	北京 上海
26	三井住友资产管理株式会社	上海
27	瑞穗证券股份有限公司	北京 上海
28	富邦综合证券股份有限公司	北京
29	德意志银行股份有限公司	北京 上海
30	美国富瑞金融集团	北京
31	冈三证券株式会社	上海
32	麦格理证券（澳大利亚）股份有限公司	上海
33	香港致富证券有限公司	北京 上海 深圳

续表

序号	境外机构名称	代表处地点
34	东洋证券股份有限公司	上海
35	富兰克林华美证券投资信托股份有限公司	上海
36	韩国新韩金融投资股份有限公司	上海
37	蓝泽证券股份有限公司	上海
38	韩国爱思开证券股份有限公司	上海
39	联昌证券有限公司	上海
40	华南永昌综合证券股份有限公司	上海
41	韩国投资信托运用株式会社	上海
42	花旗环球金融中国有限公司	北京
43	大和证券株式会社	北京
44	三菱日联证券控股股份有限公司	北京
45	中银国际控股有限公司	北京
46	汇富金融服务有限公司	北京
47	京华山一国际（香港）有限公司	北京
48	第一上海融资有限公司	北京
49	蒙特利尔银行利时证券公司	北京
50	韩国未来资产大宇股份有限公司	北京
		上海
51	日本三井住友信托银行股份有限公司	北京
52	交银国际控股有限公司	北京
53	城市信贷投资银行有限公司	上海

序号	境外机构名称	代表处地点
54	摩乃科斯证券股份有限公司	北京
55	韩亚金融投资株式会社	北京
56	宏富投资管理有限公司	北京
57	信安环球投资有限公司	北京
58	法国东方汇理基金管理公司	北京
59	摩根资产管理有限公司	北京
60	威灵顿管理香港有限公司	北京
61	法盛投资管理公司	北京
62	摩根士丹利投资管理公司	北京
63	美国桥水投资公司	北京
64	安盛投资管理巴黎公司	北京
65	元大证券（香港）有限公司	深圳
66	统一综合证券股份有限公司	厦门
67	邓普顿国际股份有限公司	北京
68	领航投资香港有限公司	北京
69	IG 市场有限公司	上海
70	德国商业银行股份有限公司	北京
71	美国科本资本市场公司	北京
72	中国泛海证券有限公司	沈阳
73	迈凯希金融公司	北京
74	韩国投资证券株式会社北京代表处	北京
75	日本盛华日兴证券株式会社	北京

附表9　境外交易所驻华代表处一览表

序号	境外交易所名称	所属辖区
1	香港交易及结算所有限公司	中国香港
2	纽约证券交易所有限责任公司	美国
3	纳斯达克股票市场有限责任公司	美国
4	东京证券交易所株式会社	日本
5	韩国交易所	韩国
6	新加坡交易所有限公司	新加坡
7	伦敦证券交易所有限责任公司	英国
8	德意志交易所股份有限公司	德国
9	多伦多证券交易所公司	加拿大
10	巴西证券期货交易所股份有限公司	巴西

附表10

双边监管合作谅解备忘录一览表

序号	国家 / 地区	境外监管机构名称	签署时间	合作文件名称	备注
1	阿布扎比	阿布扎比全球市场金融服务监管局	2016/7/14	证券期货监管合作谅解备忘录	
2	阿根廷	阿根廷国家证券委员会	2006/9/20	证券期货监管合作谅解备忘录	
3	澳大利亚	澳大利亚证券委员会	1996/5/23	证券期货监管合作谅解备忘录	
4	奥地利	奥地利金融市场管理局	2008/10/30	证券期货监管合作谅解备忘录	
5	阿塞拜疆	阿塞拜疆国家证券委员会	2015/5/19	证券期货监管合作谅解备忘录	
6	白俄罗斯	白俄罗斯共和国财政部	2014/1/20	证券期货监管合作谅解备忘录	
7	比利时	比利时银行及金融委员会	2002/11/26	证券期货监管合作谅解备忘录	
8	巴西	巴西证券委员会	1997/11/13	证券监管合作谅解备忘录	
9	文莱	文莱金融管理局	2014/2/17	证券期货监管合作谅解备忘录	
10	柬埔寨	柬埔寨证券交易委员会	2019/6/21	证券期货监管合作谅解备忘录	
11	加拿大	加拿大证券监管机构初始参与成员	2003/3/21	证券期货监管合作谅解备忘录	
12	开曼群岛	开曼群岛金融管理局	2018/11/5	证券期货监管合作谅解备忘录	
13	智利	智利证券和保险监管局	2017/5/13	证券监管合作谅解备忘录	
14	中国台湾	台湾方面金融监督管理机构	2009/11/6	海峡两岸证券及期货监督管理合作谅解备忘录	

续表

序号	国家 / 地区	境外监管机构名称	签署时间	合作文件名称	备注
15	塞浦路斯	塞浦路斯证券交易委员会	2012/5/17	证券期货监管合作谅解备忘录	
16	迪拜	迪拜金融服务局	2008/9/27	证券期货监管合作谅解备忘录	
17	埃及	埃及资本市场委员会	2000/6/22	证券监管合作谅解备忘录	
18	阿联酋	阿联酋证券商品委员会	2006/12/6	证券期货监管合作谅解备忘录	
19	法国	法国证券委员会	1998/3/4	证券期货监管合作谅解备忘录	
		法国金融市场委员会（现译为法国金融市场管理局）	2006/12/7	中国证监会与法国金融市场委员会关于相互合作的函	
		法国金融市场管理局	2018/12/7	法国金融市场管理局与中国证券监督管理委员会关于相互合作的函	
		法国金融市场管理局	2019/3/25	关于金融领域创新合作之谅解备忘录	
20	德国	德国联邦金融监管局	2019/1/18	证券期货监管合作谅解备忘录	取代1998年10月8日中国证监会与德国联邦证券监管委员会《证券监管合作谅解备忘录》
			2019/3/18	关于期货监管合作与信息交换的谅解备忘录附函	
21	耿西岛	耿西金融服务委员会	2013/11/18	证券期货监管合作谅解备忘录	
22	希腊	希腊资本市场委员会	2017/8/31	证券期货及其他投资产品监管合作谅解备忘录	

续表

序号	国家 / 地区	境外监管机构名称	签署时间	合作文件名称	备注
23	中国香港	香港证券及期货事务监察委员会	1993/6/19	监管合作备忘录	
			1995/7/4	有关期货事宜的监管合作备忘录	
			2016/11/3	内地与香港股票市场交易互联互通机制下中国证监会与香港证监会加强监管执法合作备忘录	
			2017/12/29	关于期货事宜的监管及执法合作备忘录	
24	印度	印度证券及交易委员会	2006/9/15	证券期货监管合作谅解备忘录	
		印度远期市场委员会	2006/11/21	商品期货监管合作谅解备忘录	2015年9月，印度远期市场委员会（FMC）与印度证券交易委员会（SEBI）合并，FMC 与中国证监会签署的商品期货监管合作谅解备忘录由 SEBI 继承
25	印度尼西亚	印度尼西亚资本市场监管委员会	2003/12/9	关于相互协助和信息交流的谅解备忘录	
		印度尼西亚商品期货交易监管局	2004/10/14	期货监管合作谅解备忘录	
26	伊朗	伊朗证券和交易组织	2018/6/10	证券期货及其他投资产品监管合作谅解备忘录	
27	爱尔兰	爱尔兰金融服务监管局	2008/10/23	证券期货监管合作谅解备忘录	
28	马恩岛	马恩岛金融监督管理委员会	2014/6/9	证券期货监管合作谅解备忘录	
29	以色列	以色列证券管理局	2011/3/29	证券期货监管合作谅解备忘录	
30	意大利	意大利国家证券监管委员会	1999/11/3	证券期货监管合作谅解备忘录	

续表

序号	国家 / 地区	境外监管机构名称	签署时间	合作文件名称	备注
31	日本	日本大藏省	1997/3/18	谅解备忘录	
		日本金融厅	2018/10/26	关于促进两国证券市场合作的谅解备忘录	
32	泽西岛	泽西岛金融服务委员会	2014/4/9	证券期货监管合作谅解备忘录	
33	约旦	约旦证券委员会	2006/9/20	证券期货监管合作谅解备忘录	
34	哈萨克斯坦	哈萨克斯坦国家银行	2015/5/13	证券期货监管合作谅解备忘录	
		阿斯塔纳金融服务管理局	2018/2/9	证券期货监管合作谅解备忘录	
35	韩国	韩国金融服务委员会 韩国金融监督院	2018/5/28	证券期货监管合作谅解备忘录	取代2001年6月19日中国证监会与韩国金融监督委员会签署的《证券期货监管合作安排》
36	科威特	科威特股票交易所委员会	2010/5/5	证券期货监管合作谅解备忘录	
37	老挝	老挝证券交易委员会	2011/9/19	证券期货监管合作谅解备忘录	
38	列支敦士登	列支敦士登金融管理局	2008/1/15	证券期货监管合作谅解备忘录	
39	立陶宛	立陶宛银行	2013/9/13	证券期货监管合作谅解备忘录	
40	卢森堡	卢森堡金融监管委员会	2012/5/17	证券期货监管合作谅解备忘录	取代1998年5月18日中国证监会与卢森堡证券委员会签署的《证券监管合作谅解备忘录》
41	马来西亚	马来西亚证券委员会	1997/4/18	证券期货监管合作谅解备忘录	
42	马耳他	马耳他金融服务局	2010/1/26	证券期货监管合作谅解备忘录	
43	蒙古	蒙古金融监督委员会	2008/1/24	证券监管合作谅解备忘录	
44	荷兰	荷兰金融市场委员会	2002/11/1	证券期货监管合作谅解备忘录	

续表

序号	国家 / 地区	境外监管机构名称	签署时间	合作文件名称	备注
45	新西兰	新西兰证券委员会	2004/2/20	证券期货监管合作谅解备忘录	
46	尼日利亚	尼日利亚证券交易委员会	2005/6/14	证券期货监管合作谅解备忘录	
47	挪威	挪威金融监管委员会	2006/9/26	证券期货监管合作谅解备忘录	
48	巴基斯坦	巴基斯坦证券交易委员会	2010/12/17	证券期货监管合作谅解备忘录	
49	波兰	波兰金融监督管理局	2015/3/23	证券期货监管合作谅解备忘录	
50	葡萄牙	葡萄牙证券市场委员会	2004/10/26	证券期货监管合作谅解备忘录	
51	卡塔尔	卡塔尔金融市场管理局	2011/4/7	证券期货监管合作谅解备忘录	
52	罗马尼亚	罗马尼亚国家证券委员会	2002/6/27	证券期货监管合作谅解备忘录	
53	俄罗斯	俄罗斯中央银行	2016/6/25	证券期货监管合作谅解备忘录	取代2008年8月8日中国证监会与俄罗斯联邦金融市场监督总局签署的《证券期货监管合作谅解备忘录》
54	新加坡	新加坡金融管理局	1995/11/30	关于监管证券和期货活动的相关合作与信息互换的备忘录	
			2018/11/12	关于期货监管合作与信息交换的谅解备忘录	
55	南非	南非金融服务委员会	2002/10/29	证券期货监管合作谅解备忘录	
56	西班牙	西班牙国家证券市场委员会	2009/10/6	证券期货监管合作谅解备忘录	
57	瑞典	瑞典金融监管局	2012/4/24	证券期货监管合作谅解备忘录	
58	瑞士	瑞士联邦银行委员会	2003/5/22	证券期货监管合作谅解备忘录	
59	泰国	泰国证券交易委员会	2007/4/11	证券期货监管合作谅解备忘录	
60	土耳其	土耳其资本市场委员会	2006/11/10	证券期货监管合作谅解备忘录	

续表

序号	国家 / 地区	境外监管机构名称	签署时间	合作文件名称	备注
61	英国	英国财政部、英国证券与投资委员会	1996/10/7	证券期货监管合作谅解备忘录	
		英国金融行为监管局	2018/10/17	上海与伦敦证券市场互联互通机制监管合作谅解备忘录	
62	美国	美国证券及交易委员会	1994/4/28	关于合作、磋商及技术协助的谅解备忘录	
		美国商品期货交易委员会	2002/1/18	期货监管合作谅解备忘录	
		美国证券及交易委员会	2006/5/2	中国证券监督管理委员会与美国证券交易委员会合作条款	
63	乌克兰	乌克兰国家证券和股市委员会	2013/8/30	证券期货监管合作谅解备忘录	取代1997年12月22日中国证监会与乌克兰证券与股市委员会签署的《证券监管合作谅解备忘录》
64	越南	越南证券委员会	2005/6/27	证券期货监管合作谅解备忘录	

后记

在《中国证券监督管理委员会年报（2019）》的编写过程中，我们得到了各部门和系统内各单位的大力支持，在此表示衷心感谢，并特别感谢以下人员对此项工作的贡献：

年报编写组（按姓氏笔画排序）

于耘东　马璐璐　王景辉　方钰涵　乔兆容　刘青松　刘　畅　刘　佳
许国新　孙玉奎　苏潭英　李书灏　李思明　李　莉　李　博　张　列
张胜佳　陈志鹏　林　岱　周　密　周　翔　赵立新　姚　远　袁姗玲
聂元磊　桂莅鑫　高　玥　蒋晚秋　窦　静　潘　博　魏岳琦

在年报的设计出版过程中，中国财政经济出版社等机构提供了协助，在此表示衷心感谢。

由于年报编写设计时间有限，书中难免有疏漏之处，欢迎提出宝贵意见。相关意见建议请发电子邮件至contact@cifcm.cn，我们将及时予以反馈。

中证金融研究院

2020年5月

中国证券监督管理委员会
热线电话：12386
信访电话：010-66210182
　　　　　010-66210166
网　　址：www.csrc.gov.cn
地　　址：中国北京西城区金融大街19号富凯大厦（100033）
微　　博：人民网：http://t.people.com.cn/csrcfabu
　　　　　新浪网：http://weibo.com/csrcfabu

微信公共号：证监会发布